JN085389

Basics of
Business Writing
skills

ダメ出しされない文書が書ける
77のルール

ビジネス文章力の基本

奈良正哉

Masaya Nara

日本実業出版社

はじめに

　弁護士になる以前、筆者は長年、みずほ信託銀行に在籍していました。ほとんどを管理本部で過ごし、他部門から回ってくる大量のビジネス文書を毎日のように目にしていました。

　社員を対象に文章術の研修をすることを思い立ったのは、部長職を務めていた頃です。自分で言うのもおこがましいのですが、研修の評判はかなり高かったと記憶しています。本書は、そのときに行った社内研修を基礎にしています。

　なぜ、そのような研修を思い立ったかといえば、書き手のスキル向上はもちろんですが、ビジネス文書の品質の向上が、そのまま全社的な生産性の向上につながると思ったからでした。

　その後、みずほ不動産販売に移ってからも研修を続け、弁護士になってからも、研修資料を貸してほしいという依頼をいただいたことがありました。また、当時の研修資料をいまだに保管していて、文章を書くときの参考にしているという話を聞くこともありました。

　本書の執筆にあたっては、司法試験受験中に論文試験答案の書き方を指導されたり、自分なりに研究したことが役立っています。法律文書も、過不足のない正確な文章、矛盾のない文章、誤解を招かない読みやすい文章をなるべく短時間で書く技術が必須だからです。

　ビジネスの場での経験の上に、法律家としての経験を重ねてまとめたのが本書です。ビジネス文書を作るときに、手元において参考となる1冊として、皆さまのお役に立てれば幸いです。

　2020年11月

弁護士　奈良正哉

CONTENTS

Part2 「長さ」の基本

Part 3 「レイアウト」の基本

Part 4 「ナンバリング」の基本

Part 5 「句読点」の基本

カバーデザイン◎井上新八
イラスト◎手塚かつのり
本文ＤＴＰ◎ダーツ（松村浩子）

序章

ビジネスは「文書」で回っている

「文章力」が仕事の「成果」を左右する

同じ内容のことを書いた文書でも、文書自体の出来の良し悪しによって、読み手の評価は違ってきます。文章力の差は、そのまま仕事の「成果」の差につながります。

リモートワークが浸透するにしたがって、いよいよ日本の企業でも「プロセス」ではなく、「成果」で仕事を評価する比重が高くなっていきそうです。

リモートワークでは、上司は部下が真面目に汗を流している姿を見ることができません。プロセスが見えなければ、上司としては「成果」で評価するしかないからです。

逆に評価される側からすれば、プロセスで汗を流した部分も含めて、**いかに「成果」を示すか**が大切になってきます。

そこで、カギとなるのが「**文章力**」です。

「文章力」の差が「成果」の差を生む

そもそもビジネスは、文書を書くことで回っていきます。

頭の中にあるアイディアを発表する、あるいは問題点を指摘したり、改善の提案をしたりするには、まずは文書にして周囲に伝えなければなりません。その文書の出来の良し悪しによって、提案の中身に対する評価が違ってきます。

提案者の文章力によって、仕事の評価も大きく違ってくるのです。

営業も同じです。たとえば顧客先で資料を手にプレゼンをするとき、顧客の知りたいことではなく、自社にとって都合のいいことばかりをアピールした資料を作ったのでは、顧客はかえって不信感を抱きます。

それでも直接顧客に会えれば、熱意や身ぶり手ぶりで伝えられる部分もあるでしょう。しかしオンラインでは、顧客に渡す**文書の出来の良し悪しが、決定的にプレゼンの成果に影響**します。

リモートワーク時代こそ「文章力」が必要

現在は、ウェブ会議やオンライン商談に利用できる便利なサービスがありますが、それでも実際に顔を会わせて行うようにはいきません。言葉にしなくても伝わるようなニュアンスとか、雰囲気とかいったものをオンラインで伝えるのは困難です。

その伝わらない部分を伝えるのが、文章です。会議や商談における文書や文章の役目は、これまで以上に大きくなるでしょう。

伝えるべきことをまっすぐに伝える「文章力」の差が、仕事の「成果」の差に直結するといっても過言ではありません。

ビジネス文章力を磨く 3つのキーワード

ビジネス文書に求められる文章力は、語彙の多さや気の利いた表現ができることではありません。むしろ、そうした文章力が邪魔になることすらあります。

この本では、よいビジネス文書を書く「鉄則」を学んでいただきます。

よいビジネス文書とは、伝えるべきことを明確に、過不足なく、説得力のある文章で書いた文書です。すなわち、ビジネスにおいて〝使える〟文書であることです。

使える文書を書くには、小説やブログを書くのとは違う、**ビジネス文章術を身につける**必要があります。

そのための大事なキーワードが、次の3つです。

キーワード① 「短単」

キーワード② 「形式」

キーワード③ 「予測」

本書で紹介する77のルールのうちの多くは、これら3つのキーワードに紐づけられます。

キーワード① 「短単」
（短く、単純である）

序章

　ビジネス文書は、短く単純な1文、短く単純な文章で書きます。読みやすく、誤解を生まない文章です。

　「短単」という日本語はありません。筆者の造語です。

　この「短単」というキーワードは、文章全体、そしてその構成要素である1文は**短いこと**、**単純であること**が必要である、という意味です。

　なぜか？

　答えは簡単です。読み手の立場になって想像してみれば、すぐにわかります。

　得られる情報が同じなら、長い文章を読ませられるより、短い文章のほうがいいに決まっているからです。

　また単純な文章ならば、容易に理解することができます。誤解も生まれません。

　よいビジネス文書を書くには、短く単純な1文、短く単純な文章を書くこと。

　「短単」が第1のキーワードです。

13

キーワード② 「形式」
（形式にはめる）

ビジネス文書に、ミステリー小説のような構成（最後まで結論が
わからない）や奇をてらったレイアウトは不要です。多彩な文章表
現も必要ありません。

日本語には、「形式」があります。たとえば、段落を作るとか、
段落の頭は１文字分下げるとか、小学校で習う作文の基本もその１
つです。

これ以外にも、本書の中で紹介するいくつかの形式を愚直に守る
ことにより、**読み手にとって理解しやすい文章を書くことができま
す。**

また、形式を守ることにより、文章はいつも一定の枠にはめられ
ます。したがって、「何から書こうか、どういうレイアウトにしよ
うか」といったことに思い悩む必要がなくなります。

さらに、形式に当てはめることにより、余計なことを書いたり、
逆に必要なことを書き漏らしたりするのを防ぐことができるので、
短時間で一定水準の文書が書けるようになります。

「形式」が第２のキーワードです。

キーワード③ 「予測」
（読み手に予測させる）

　議案名、標題、ナンバリング、接続語などを効果的に使って、読み手に文書の内容を予測するヒントを与えます。大事なのは、読み手の予測を裏切らないことです。

　議案名、標題、ナンバリング、接続語などを手がかりに、読み手は「何が書かれているか」を予測します。そして、その予測どおりの内容が書かれていると、**「予測→予測の確認」** というプロセスを経て、読み手の理解が深まります。

　たとえば、「したがって」という接続語があれば、次に結論がくる、ということが予測できます。それと同時に、次にくる事実が重要である、ということも予測できます。

　そこでビジネス文書は、予測させ、その予測どおりの記述をすることで読み手の理解を深めるように書くことが大事です。
　「予測」が第3のキーワードです。

　では次章から、具体的なルールについて見ていきましょう。

序章のまとめ

①伝えたい内容を的確に、端的に表現するビジネス文章を書くには「鉄則」がある。それら「鉄則」の多くは、3つのキーワードに紐づけられる。

②第1のキーワードは「短単」。短く、単純な文章を書くこと。

③第2のキーワードは「形式」。形式にはめること。

④第3のキーワードは「予測」。読み手に予測させること。

　仕事は「文書」に表現して初めて形となり、「成果」として評価されます。つまり、仕事で正当な評価を得るためには、伝えるべき内容を過不足なく、正確に書く文章力が必須ということです。

　本書では、ビジネス文章を書く上で大事な3つのキーワード（短単・形式・予測）を踏まえながら、実践的で役に立つビジネス文章術を紹介していきます。

Part **1**

「心構え」の基本

「誰が・どのようにして」読むのか想像しよう

「一読了解型」の文章を目指す

「一読了解型」の文章とは、文字どおり1回読めば意味を過不足なく理解できる文章のことです。

「一読了解型」の文章にするには、なるべく短い文章を書くこと、なるべく単純な文章を書くことです。早速、第1のキーワードが登場しました。

キーワード①　「短単」（短く、単純である）

たとえば、子ども向けの童話の文章は、典型的な「一読了解型」です。日本の昔話でおなじみの「昔々、あるところで……」は、「いつ・どこで・誰が・何をした」という、もっとも単純な構文です。文が短いので、主語と述語の関係も一目瞭然です。

昔々、あるところに、おじいさんとおばあさんが、住んでいました。

一方、法律文章の中でもわかりにくさで定評のある「金融商品取引法」の条文は、一読どころか、何度読んでもさっぱりわかりません。理由は、1文の長さと構文の複雑さにあります。

右ページの例文をご覧ください。これは、「金融商品取引法」の第1条です。文字数にして180字以上が、1つの文に収まっています。主語と述語の間には、下線で示すように複数の事柄が書き込ま

れていて、どこまでが１つの意味の固まりなのか、容易にわかりません。

　法律の条文はともかく、ビジネス文書はできるだけ読み手に負担を与えず、内容を的確に理解してもらわなければなりません。「一読了解型」を目指し、内容が複雑でややこしいときほど、「短単」（短く、単純に書く）を心がけます。

　逆の言い方をすれば、ビジネス文書では複雑な文章、かっこいい文章、難しい語彙を使った文章を書こうとしないことです。

■金融商品取引法

（目的）
第１条　この法律は、企業内容等の開示の制度を整備する①とともに、金融商品取引業を行う者に関し必要な事項を定め②、金融商品取引所の適切な運営を確保すること③等により、有価証券の発行及び金融商品等の取引等を公正にし❶、有価証券の流通を円滑にする❷ほか、資本市場の機能の十全な発揮による金融商品等の公正な価格形成等を図り❸、もつて国民経済の健全な発展及び投資者の保護に資することを目的とする。

*複数の事柄が並べて書かれているので、
　長文となり、要点がわかりにくい

この法律は、①とともに、②、③等により、❶、❷ほか、❸、もつて国民経済の健全な発展及び投資者の保護に資することを目的とする。

［「読み手」を意識する］

　「誰が読むか」によって、その文書に求められる情報や文章の書き方は違ってきます。

　「読み手」を意識するとはどういうことか。稟議書と社内通達を例にして考えてみましょう。

　稟議書の読み手は、その稟議事項の**決裁者**です。ですから、基本的には書かれている内容がある程度専門的でも、特別に説明を加える必要はありません。

　ずばり本題に入っても、内容が理解できない、あるいは誤解してしまうという恐れはないでしょう。

　一方、全社員に向けた社内通達の場合、読み手には社長から新入社員、派遣社員の人まで含まれます。通達の内容について知識がある人も、ほとんど知らない人もいるでしょう。

　だとすれば、その文章は**知識のない人**を基準にして、やさしい言葉を使って書く必要があります。また、本題に入る前に、通達を出すことになった背景や経緯、言葉の定義などについても説明する必要があるかもしれません。

　「読み手」を意識するとは、**読む人にあわせて、文章の書き方や書くべき事柄を考える**ということです。

「黙読」なのか「音読」なのか

「誰が読むか」を意識したら、次に「読まれ方」を想像します。まずは、それが黙読される文書か、それとも音読される文書かを考えましょう。

稟議書や社内通達は、1人ずつ順番に**黙読**するものです。

一方、会議資料は、会議の参加者全員によって黙読され、おそらくその一部は、発表者によって**音読**されます。つまり、プレゼンテーション資料として使われることが予想されます。

黙読と音読では、文書の使われ方が違います。当然、それにあわせて文章の書き方も変える必要があります。

音読される文書は、**音読しやすく、聞いて理解しやすい**文章で書くことが大事です。

たとえば、次の1文を声に出して読んでみてください。

原文▶ 米国拠点（アラスカ州とハワイ州を除く）はすべて閉鎖されている。

「米国拠点」の次にくる「（」をどう読もうか……。ほとんどの人が、ここで口ごもってしまうはずです。

音読する文章の中に（ ）が使われていると、発表者は困ります。そこで、音読される文章を書くときは（ ）を使わず、次のように書きます。

改善▶	アラスカ州とハワイ州を除き、米国拠点はすべて閉鎖されている。
▶	米国拠点は、アラスカ州とハワイ州を除いて、すべて閉鎖されている。

もうワンポイント！　株主総会問答は「音読」を前提で

特殊な例ですが、総務部などに所属している人であれば、株主総会の想定問答を作ることがあるかもしれません。このとき、「答」の文中に（ ）を使うことは厳禁です。

その理由はもちろん、「答」はすべて口頭でなされるからです。音読する文章の中に（ ）があっては、担当役員は読みようがありません。

ちなみに、国会答弁で事務方の作った原稿を「かっこ、かっこ閉じる」まで正確に読みあげた大臣がいました。よほど緊張していたのでしょうか。

［シチュエーションを考える①社内会議
所要時間・出席者の顔ぶれ］

　文書が読まれる**シチュエーション（状況）を考える**ことも大事です。シチュエーションによって、「読み手」の属性や人数、「読まれ方」（音読か黙読かなど）、さらには1つの文書に費やされる「所要時間」が違ってきます。

　会議資料を例にして、「シチュエーション」に応じた文章の書き方の違いを考えてみましょう。

　会議では、アジェンダ（議題）とともに**所要時間**が決まっているはずです。ですから、所要時間にそぐわない大量の文書を作っても、そのほとんどは読まれずに終わってしまいます。文書作成に費やした労力は、まったくのムダになるわけです。

　にもかかわらず、会議には大量の文書が提出されます。筆者の周辺では、「当社の取締役会では、ヤギでも飼っているのか？」と嘆いた役員がいました。

　会議の出席者も重要です。出席者の顔ぶれによって、文章の書き方は変わってきます。

　たとえば、上場企業の取締役会には、社外取締役や社外監査役が入っていることでしょう。こうした社内の事情がわからない人の出席する会議資料に、社内だけで通用する社内語を使うのは親切ではありません。

23

親切でないだけでなく、社内語の意味が理解できないために、貴重な意見を得られないようだと、社外の人材を取締役会に迎える意義がなくなってしまいます。

　逆に、たとえば製品開発部門や営業部門の会議であれば、参加者は身内で、しかも事情をよくわかっている人だけです。
　日常的に親しんでいる社内語を使うことにより、みんなの理解が統一されるのであれば、こうした社内語を使うことは許されますし、むしろ積極的に使ってもいいでしょう。

　また、会議には通常、発表者がいます。発表者は、文章の一部を切り取って、つなげながらプレゼンテーションをします。
　書き手は、そういう使われ方をも想定して、文章構成やレイアウトを考える必要があります。

シチュエーションを考える②プレゼン資料
顧客の知識・時間配分

　社外的なプレゼンテーション資料であれば、顧客がもっている予備知識やプレゼン用に与えられた時間、さらには顧客先でその資料がどのように使われるかにも配慮します。

　次に、社外向けのプレゼンテーション資料が読まれる「シチュエーション」を考えてみます。

　これからプレゼンテーションを行う商品やサービスについて、**顧客の知識が十分なら、ずばり本論に切り込めばいいでしょう。**そうした顧客は、本題に入る前に、周辺事実や一般論を長々と展開されるとイライラします。
　しかし、これが顧客にとって初めて聞く商品やサービスであるなら、基本情報を伝える丁寧な資料が必要になります。

　また、**時間を意識する**ことも重要です。15分のプレゼン時間が与えられたとして、他社の商品やサービスと比較するために数十枚の資料を作ってはいけません。
　ムダなだけでなく、プレゼンテーションそのものの印象が薄れてしまいます。

　このように、**読み手が誰なのか、どういうシチュエーションで読まれるのか、音読なのか黙読なのかを意識する**ことが、読んでもら

えるビジネス文書を書く第一歩です。

　顧客向けの文書を作成する場合、顧客がファイリングするフォーマットを意識することも必要です。

　たとえば、顧客が社内文書をＡ４用紙を縦に使ってファイリングしているなら、プレゼンテーション資料もＡ４用紙を縦に使って作ります。顧客の社内文書に、ぴったりと添付できるようにするためです。

　現在は、Ａ４用紙を縦に使うのが主流ですが、一部の企業や公的機関では、Ａ４用紙を横に使っているケースもあります。

ルール 06 [読み手の視点で推敲する]

　書き終えたら、必ず推敲<ruby>推敲<rt>すいこう</rt></ruby>します。読み手の視点に立って、自分が書いた文章を厳しく読み直します。

　文章の最初の読み手は、書き手自身です。書いた本人ですから、書かれている内容を100％理解しているはずです。そのため無意識のうちに、「わかる」という前提で文章を推敲しがちです。

　だからこそ、あえて**批判的に**、**厳しい目**で、文章を読み直さなければいけません。

　書き手と読み手は1つの人格ですから、そうした前提や先入観をもって推敲してしまうのは、ある程度しかたありません。ただし、そこは気持ちを新たにする必要があります。

　読み手の立場に立って、「一読了解型」の文章になっているかを批判的に、厳しい目で推敲します。もちろん、誤字や文法の誤り、「てにをは」にいたるまで、です。余計な表現やぼんやりした言い回しがあれば、容赦なく、大胆に削り取ります。

　もっとも書いた直後は、すぐに書き手人格から読み手人格へスイッチせよ、と言われても難しいものです。

　そんなときは、他の仕事をするなどして少し時間をおき、その文章に対する気持ちをリフレッシュするといいでしょう。

［「形式」にはめる

ルール
07
（文の長さ、レイアウト、ナンバリング等）

推敲するときは、まず「形式」がルールどおりになっているかを確認します。

推敲は、本書で紹介するすべてのルールに照らして行います。

なかでも、文章全体および各1文の長さ、レイアウト、ナンバリングといった形式面からの推敲を優先して行います。わかりやすい文章を書く第2のキーワード、「形式」です。

キーワード② 「形式」（形式にはめる）

「形式」が整っている。言い換えると、わかりやすい文章の「形式」にはまっていれば、読み手は「ビジネス文章として、最低限の基準はクリアしているな」と判断します。

「形式」ですから、あらゆる文章にそのまま応用することができます。文章を書く経験が積み重なるにつれて、それはいつの日か、みなさん自身の「形式」になります。

そうなれば、自分の「形式」に当てはめることによって、いつでも、楽に、短時間で、わかりやすいビジネス文章が書けるようになります。

→ Part 2 「長さ」の基本（35頁）

→ Part 3 「レイアウト」の基本（65頁）

→ Part 4 「ナンバリング」の基本（81頁）

もうワンポイント！　バント名人に学ぶ「形式」の極意

　1990年代、西武ライオンズに平野謙という2番バッターがいました。2番ですから、バントをするケースが多くなります。

　彼は、状況によってバントの方向を1塁側にしたり、3塁側にしたりすることはありませんでした。いつもピッチャー前に転がしていました。

　方向をあれこれ考えることなく、「ピッチャー前」という形式1本で、犠打の名人と評されました。

　形式を堅持すると、その分余計なことを考える必要がなくなります。時間と頭脳の節約ができるというわけです。

　文章も同じです。形式を身につけると、短い時間で、優れた文章を書けるようになります。

「少しわかりにくい」箇所は必ず修正
（読み手に甘えない）

書き手自身が「少しわかりにくい」と感じる文章は、間違いなく読み手にはまったくわかりません。絶対に修正しましょう。

書き手であれば、当然、書いた内容を100％理解しているはずです。にもかかわらず、書き手自身が読んで「少しわかりにくいかな」と感じるとしたら、それは**読み手にとって、致命的にわかりにくい文章**です。

> **原文▶** 東京本社と大阪支店以外の全支店に通知する。

上の文例にある「東京本社と大阪支店以外の全支店」は、次のどちらとも読むことができます。

「東京本社＋大阪支店以外の全支店」 …①
「（東京本社＋大阪支店）以外の全支店」…②

客観的に読み直してみて、少しでもわかりにくいと思ったら、そのままにせず、誤読されない表現に改めます。

> **改善▶** ①大阪支店を除く全本支店に通知する。
> ②東京本社と大阪支店を除き、全支店に通知する。

音読してみる
（音読できない文章には欠陥がある）

　音読されない文章であっても、書き終えたら必ず声に出して読んでみます。途中で詰まるようであれば、文法的な誤りがあるか、あるいは1文が長すぎることが考えられます。

　会議の席上で、発表者が、急に言葉に詰まってしまうことがあります。会議資料の一部を音読、つまり口頭で説明しようとして、詰まってしまうのです。

　その原因のほとんどは、その文が**文法的に間違っている**からです。

　筆者は以前、信託銀行の管理部門に勤めていました。そこで、多くのビジネス文章を目にしてきました。

　一流大学を出た人たちが、驚くほど単純な日本語文法の間違いを犯します。

　たとえば、それは次のような間違いです。

原文▶ 今後の課題は、市場動向を見ながら生産量を調整する必要がある。

　「課題は、……必要がある」は明らかに文法の誤りです。
　「必要がある」のように、語尾に強い意味をもつ言葉を使いたい気持ちが先走ってしまうのかもしれません。そこに、初歩的な文法間違いを犯す落とし穴があります。

改善 ▶	今後の課題として、市場動向を見ながら、いかに生産量を調整するかがあげられる。
▶	今後の課題は、市場動向を見ながら、いかに生産量を調整するかである。

「課題として、……があげられる」「課題は、……である」ならば、意味が通ります。音読したときに、途中で詰まることもないでしょう。

▶ | 風評被害によって、商品の売行きにマイナス影響になっている。
⬇
▶ | 風評によって、商品の売行きにマイナス影響が出ている。

　上の例は、目で字面（じづら）を追っただけでは、案外見落としやすい誤りです。ですが、試しに音読してみてください。違和感を感じるのではないでしょうか。

　ほとんどの日本人がそうであるように、きちんとした国語教育を受けた人であれば、この程度の文法的な誤りはすぐにわかります。そのため素直に読みくだせず、とっさに文法を正しくして読もうとするのですが、うまくいかずに詰まってしまうのです。相応の国語教育を受けた人の本能のようなものです。

　さらに、うまく音読できないもう1つの原因は、**1文が長いこと**です。
　長い1文は、ビジネス文章としてそもそも問題ですが、とくに音

読には向きません。試しに、テレビのニュース原稿を注意して聞いてみてください。アナウンサーが、途中で息継ぎしなければ読めないほど、長い1文はないはずです。

　なかでも会議資料は、その一部が音読されます。うまく音読できない文章は、会議資料として欠陥品と言わざるをえません。

　文章を書いたら、必ず音読できるかどうか試します。もし、詰まる箇所があれば、文法的な誤りがないか、注意深く見直してください。

もうワンポイント！　キーとなるフレーズの長さに注意

　会議資料では、音読されるであろうキーとなる1文の長さが大事です。発表者が音読しやすい長さになっているか、耳から聞いただけで読み手が理解しやすい長さになっているか、必ず見直しましょう。

　このキーとなる1文が、繰り返し出席者の頭にインプットされることで、説得力が格段に違ってきます。

Part1のまとめ

①読み手に負担を与えない「一読了解型」の文章を目指す。

②「誰が読むか」を考え、読み手にあわせた言葉づかい、構成を心がける。

③文章が読まれる「シチュエーション」を想像する。

④推敲は読み手の視点に立って、厳しく、批判的に行う。

⑤「形式」（長さ、正しい文法、レイアウト、ナンバリング）が整っている文書は、最低限の基準をクリアしている。

⑥読み直して少しわかりにくいと感じる表現は、絶対に修正する。

⑦書いたら、音読してみる。もし途中で詰まったら、文法の誤りを疑う。

　ビジネス文書は、書いて提出することに意味があるのではありません。読まれて、その内容を理解されて、初めて意味があるのです。読まれる文書を書くには、まず、その文書を「誰が・どのようにして読むか」を想像することから始めます。そして、文書の内容が、読み手にわかりやすく、正確に伝わるように配慮します。

Part **2**

「長さ」の基本

容赦なく、大胆に削る勇気をもつ

できるだけ短くまとめる
（Ａ４用紙で１枚、長くても２枚）

　１文を短く書くことも大事ですが、複数の文の固まりとしての文章も、できるだけ短く書くのが基本です。

　報告書や連絡文書は、なるべくならＡ４用紙で１枚、長くても２枚が限度でしょう。なぜなら、**１つの文書にかけられる読み手の「時間」と「集中力」は限られている**からです。

　文書を簡潔にまとめるには、文章を短くすること。これは、優れたビジネス文章の第１のキーワード「短単」の短です。

　そして文章を短くするには、１文を短く書くことが必要です。それには、１文には１つのことだけを書く。つまり単純な文を書くことが、１文を短くする秘訣です。

　　　→ルール18　１文は80字を目安に（51頁）
　　　→ルール19　ワンセンテンス・ワンテーマを意識する（55頁）

　読み手である上司は、毎日、多くのビジネス文書に目を通さなければなりません。さらに、役員や部長など組織の責任者として、やるべきことがたくさんあります。文書を読んでいる途中で、他の用事が入ることもあるでしょう。

　用事をすませ、読み終えたところからまた読み始めても、すでに読み終えた箇所の記憶が薄れてしまっています。結局、最初から読み直すことになりますが、文章量が多いと、これは苦痛以外の何ものでもありません。

短くまとめる①
言い訳を書かない

　文章が長くなる原因の1つは「言い訳」です。うまくいっていない理由をあれこれ書き連ねてしまうのです。

　たとえば、担当する仕事の成果を報告書にまとめるとしましょう。目標を達成していたなら、おそらく報告書はさほど長くなりません。ひょっとすると、「計画」と「実績」の数字に加えて、それらを比較する数行の簡単な説明で終わるかもしれません。

　反対に目標が未達、しかも大きく未達だったらどうでしょうか。言い訳がましくいろいろなことを書き連ねたくなります。

　この言い訳を書かないだけで、文章は見違えるほどスッキリと短くなります。

原文▶ 新商品Aは、販売店からの評価も高く、発売当初の感触は非常によかった。しかし、ライバル社から同じような機能で低価格の競合商品が発売されたことなどが逆風となり、結果として売上げも目標に届かない結果となった。

⬇

改善▶ 目標が未達で終わった主な原因は、期待した新商品Aが予想したほど売れなかったことである。他社が価格の安い類似商品を発売したことがマイナス要因となった。

　逆に言えば、文章を短く書くコツは、**言い訳を書かない**ことです。

短くまとめる②
本質をよく理解してから書く

　文章が長くなる理由として、自分の伝えたいこと、あるいは伝えるべきことがよくわかっていない場合があります。

　書くべきことがよくわかっていなければ、本質だけを書くことはできません。あるいは本質だけを書いて、余計なことを書かない判断ができません。

　本質の理解があやふやなままだと、周辺をぐるぐる回るような文章を書いてしまいます。

原文▶　　新商品Aは事前の評判も高く、現行機であるBをベースにその機能全般について向上させた。また価格は約1,000円上がったものの、ほぼ据え置きといってもいいほどの上昇幅に抑えた。

　　ただし、機能全般についての向上を実現したものの、どれもが中途半端な向上にとどまり、あえて買い替えるまでもないとの印象を顧客に与えた可能性もある。 ＊自信がない

　　対してX社は、同時期に商品Yをぶつけてきた。YはAよりも高価格であり、一部の機能はAに勝るものの、多くの機能はAに劣るものであった。しかし、結果として、Bからの乗り換え顧客の多くをX社のYにとられ、その分当社全体のシェアを落とし、Aについても販売目標に届かない結果となった。 ＊言い訳がましい

改善▶　　　新商品Ａは、顧客が必要としていた○○機能の向上が中
途半端にとどまった。マーケティングが甘く、機能改善が
総花的になったことから、現行機Ｂからの商品性の抜本的
な改善が図られなかった。
　　　対して、同時期にＸ社がぶつけてきた商品Ｙは、顧客が
求める○○機能の抜本的改善がなされている。これが、Ｙ
のほうがＡよりも高価格であるのに、Ｙに市場シェアを奪
われ、結果としてＡの売上目標が未達になった理由である。

　本質を理解している人の文章は、**本質だけを的確にとらえる**ので、
短く単純な文章になります（短単）。

もうワンポイント！　事前調査に手間を惜しまない

　文書を書き始めるときの大前提として、これから書こうとしてい
る内容について「本質を理解している」ことが必要です。
　それ自体は文章作成の技術ではありません。しかし、
「ビジネスを企画すること」
「会社をそれに巻き込むこと」
「顧客を獲得すること」——など。
　これらにおいて、本質の理解は不可欠です。さらに、本質を理解
するためには十分な調査が必要です。
　そうした手間を惜しんでは、よいビジネス文書を書くことはでき
ません。

短くまとめる③
書いてから、削ぎ落とす

　知識がある人ほど、長い文章を書く傾向があります。そういうときは、長い文章を書いた後で、余分な箇所を削ぎ落とします。

　文章が長くなってしまうのは、知識のある人の本能でもあります。

　いろいろなことを知っているから、それらが同時に、あるいは次々と頭に浮かぶのです。だから、パソコンを前にして書き始めると、文章がどうしても長くなってしまいます。

　そのような場合、第一稿が長くなるのはしかたありません。後から余計な記述をどんどん消していって、短くすればいいのです。

　最初からまったく贅肉のない、シャープな文章を書ける人は、文章の達人です。達人であれば、本書を読む必要はありません。

　そうでない人は、いったん本能にまかせて、長くてだらだらした文章を書いてください。そこから、**削ぎ落とします**。

原文▶	○○店に在庫を問い合わせたが、そこにも在庫はなかった。
	⬇
改善▶	○○店にも在庫はなかった。

　原文は、時系列に事実を書いた2つの文（○○店に在庫を問い合わせた・○○店にも在庫はなかった）を「が」でつないで1文にしています。しかし、書かれている内容自体は改善した文と同じです。

内容が同じなら、わざわざ時系列どおりに書いて、「が」で文をつなぐ必要はありません。

→ルール46　安易に「が」を使わない（124頁）

自動車メーカーは、車重を減らすために、数グラムの部品単位で重量を削る努力をしています。まさに「乾いた雑巾を絞る」努力をして削減を実行しています。

文章も同じです。**削ぎ落としの作業が、ビジネス文章の品質を決めるといってよいでしょう。**

もうワンポイント！　「多く書く」より「短く書く」訓練を

大学などで、学生にレポート提出の課題を出すとき、「最低○字以上」といった条件をつけるのが一般的です。逆に、「最高○字まで」といった条件をつける先生はあまりいないようです。

最低字数の制限をクリアする努力で、学問の習熟度を測ろうということなのでしょうか。学生は意味の薄い文章をだらだら書いて、字数を稼ぐことになります。

このやり方は、短く単純な文章を書くのとは真逆です。大学でこうした真逆の訓練ばかり受けているから、社会人になって、よいビジネス文章を書ける人が少ないのではないか、というのは筆者の思い過ごしでしょうか。

ビジネス文章力をつけるという観点からいえば、「最高○字まで」という字数制限のみを設けて、簡潔に記述する訓練をするほうがよほど役に立ちます。学生の理解や努力の程度は、レポートの内容そのもので測ればいいのではないかと思います。

書かない勇気をもつ
（余計なことを書かない）

　余計なことを書かなければ、文章は短くなります。しかし、これが難しいのです。「書かない」ことには、勇気がいるからです。

　たとえば、担当業務の「現状の問題点」を報告する文書の提出を求められたとします。この文書に、担当業務の実績や歴史的経緯はいらないはずです。

　ところが、書き手は頭の中で「この文書の提出を求められた理由は何だろうか？」と推測します。そして、業務の現状に問題はあるが、「このような実績もあるのだ」、「このような顧客の評価もあるのだ」、「会社の他部門の役にも立っているのだ」というようなことを先回りして書きたくなります。

　とくに、担当者として上席者に口頭で説明する機会がなく、唯一、自分の書く文書が弁明できる機会だとすればなおさらです。しかし、求められているのは問題点を書くことであって、実績や顧客からの評価ではありません。

　ここは言い訳したくなる気持ちをこらえ、**勇気を振り絞って、書かないことが重要**です。

　さらにいえば、「問題点」を書くことを求められるときは、その業務の実績や顧客の評価などについて、必要な知識はすでに読み手にあるはずです。必要のないことをくどくど書いても、読み手をイ

ライラさせるだけで、よいことは何もありません。

　下は、異物混入という不祥事の原因について報告する文章です。

原文▶　　異物混入を初めて認識したのは、ＸＸ年ＹＹ月頃であり、それまでは、Ｘ商品に対する顧客クレームはなかった。Ｘ商品の製造工程は他商品に比べると複雑なものではなかったが、他商品と同じく、毎週一定数の抜取りによる検査をしていた。＊余計な記述が多く、「原因」が書かれていない

⬇

改善▶　　異物混入が長期に渡り見逃されてきた原因は、出荷前の抜取りの件数が不足していたことである。顧客クレームに至らない顧客の声を重要なシグナルとして感知することができなかった。

　原文が言い訳めいているのに対し、改善文は「原因」が読み手にストレートに伝わります。

もうワンポイント！　ヘタに忖度しない

　何かトラブルが起きたとき、上司や相手先へ報告書を出すことがあります。そのときに求められるのは、トラブルが起きた「原因」と「再発防止策」を書くことです。それ以外のこと（たとえばトラブルが起きた背景や経緯、はたまた酌むべき事情、あるいは責任者の処分の可能性など）を先回りして書く必要はまったくありません。

　報告書に推測や忖度は不要です。求められたことを過不足なく書きます。

ルール 15 [アピールや自慢を書かない]

書き手の知識や経験を自慢したいという誘惑から、余計なことを書いてしまうことがあります。しかし、読み手が求めているのはアピールではありません。「問い」に対するまっすぐな「答え」です。

じつをいうと、筆者自身、よくこの誘惑に駆られます。「自分は法律だけでなく、経済や資産運用のことも知っているぞ」とか、「会社の内部統制についてもくわしいぞ」とか、そういうことをそれとなくアピールしたくなります。

こういう自慢こそ、余計なことです。

読み手は、このような余計な文章を読まされて、時間を取られることにイライラします。イライラするあまり、読んだ内容がストレートに頭に入らない恐れすらあります。

下は、就職のエントリーシートの質問項目です。

---

① あなたが、学生時代に所属していた団体は何という団体で、どのような特徴がありましたか？

② あなたが、その団体生活の中で、もっとも力を入れたことは何ですか？

③ あなたが、その団体における役割を担う中で、気づいたことがあれば教えてください。

このとき、就活生が書くべきなのは自己アピールではなく、「問い」に対する端的な答えです。

①あなたが、学生時代に所属していた団体は何という団体で、どのような特徴がありましたか？

▶ 私は体育会ゴルフ部に所属していました。
体育会ゴルフ部の歴史は古く、戦後すぐに立ち上がり、ＯＢ組織もしっかりしており、プロになるほどのＯＢは稀ですが、全員が体育会運動選手としての矜持をもち、全員がまじめに練習する部であり、より上位のリーグを目指しておりました。

＊1文が長い。「問い」に答えていない

⬇

▶ 私は体育会ゴルフ部に所属していました。
体育会ゴルフ部は、戦後すぐの創部で歴史があり、ＯＢ組織もしっかりしております。また、プロになるほどのＯＢは稀ですが、部員全員が体育会運動選手としての矜持をもっております。全員がまじめに練習して、団体としてより上位を目指す意識が共有されていたという特徴がありました。

②あなたが、その団体生活の中で、もっとも力を入れたことは何ですか？

▶ 私は３年生のときにはトレーニング係、４年生のときには副主将に推薦され、主将とともにチームのとりまとめをする一方、チームの戦力となれるよう、個人練習にも精を出し、４年生のときには、それまでのＣリーグからＢリーグに昇格することができました。　＊「問い」への答えではなく、自慢になっている

⬇

▶ 私がもっとも力を入れたことは、3年生のときのトレーニング係、4年生のときの副主将として、部のとりまとめを図ったことです。また、個人としてもチームの戦力となれるよう個人練習にも力を入れました。

③あなたが、その団体における役割を担う中で、気づいたことがあれば教えてください。

▶ ゴルフは基本的に個人スポーツですが、大学チームとして団体スポーツとしての要素もあり、個々人がそれぞれいいスコアを出すことが重要ですが、チームメンバーの実力の底上げを図り、チームメイトを鼓舞し、互いにミスをカバーするなどのチームスピリットも必要です。　＊言葉が足りず、わかりにくい（ルール 08）

⬇

▶ ゴルフは基本的に個人スポーツですが、大学チームとして団体スポーツとしての要素もあります。もちろん、個々人がそれぞれいいスコアを出すことが重要です。他方、練習ではチームメンバー全員の実力の底上げを図り、試合ではチームメイトを鼓舞し、互いにミスをカバーするなどのチームスピリットも必要です。このように、大学ゴルフは、個人スポーツであり、かつ団体スポーツでもあることに気づきました。

→ルール 08　「少しわかりにくい」箇所は必ず修正（30頁）

ルール 16 問題のない部分は短く
（問題点、改善点をしっかり書く）

　問題のない部分は短く、問題となる部分は長く。重要性に応じて記述のボリュームにメリハリをつけます。

　余計なことではなく、必要なことであるとしても、問題のない部分は短く書きます。

　たとえば、背景や経緯は短く書きます。事実を知らせるのに必要ではあっても、そこが本質部分ではないからです。

原文▶ ○○年の休廃業・解散件数は、全国で 2 万 3634 件。そのうち、経営者が自発的に経営や事業をたたむ「休廃業」の件数は 1 万 2764 件。こうした自主的な「休廃業」は現在も増加傾向にあり、○×年には 5 万件を超えるとの予測もある。

改善▶ ○○年の経営者による自発的な「休廃業」の件数は 1 万 2764 件。○×年には 5 万件を超えるとの予測もある。

　また、うまくいっていることを長々と書く必要はありません。
　書き手としては、うまくいっていること自体をアピールしたくなるかもしれません。ですが、「問題のない部分」です。

文書の作成を命じた上司は、うまくいっていない部分（＝問題のある部分）を知り、その対処策を考えたいのです。

　ですから、うまくいっていない部分を厚めに書きます。うまくいっていることを1とすると、うまくいっていないことは3ぐらいのバランスです。

　何がその文章において重要なことなのか、あるいは重要でないことなのか、むしろ不要なことなのか。それぞれの場合で判断します。そして、文章のボリュームにメリハリをつけます。

　メリハリをつけないと、文章はいくらでも長くなります。長くなるだけでなく、どこにポイントがあるのかわからない、ピントのずれた文章になってしまいます。

「本編」と「資料」を分ける

　会議資料は、議論の直接の材料となる「本編」と、「資料」に分けます。ポイントは、「本編」だけを読めば、議論に必要な情報がわかるように書くことです。

　経営会議や取締役会など、会社の経営判断に関わる会議の資料は膨大なものになりがちです。1〜2時間の限られた時間の中で、それぞれ説明を受けて議論するとはとても思えないような、膨大な量が会議の場に出てきます。

　さらに具合の悪いことに、誰かが歯止めをかけないと、この資料はどんどん増えていきます。筆者はこれを「会議資料漸増の法則」と呼んでおりました。

　会議資料の作り手（書き手）の事情はよくわかるし、同情もします。こうしたオフィシャルな会議には、そうした事実が報告された証拠として、分厚い資料が必要になることがあるからです。

　ただし、資料の作り手として工夫する余地はあります。それは、「本編」と「資料」を分けることです。

　説明に必要な文章は「本編」として短くまとめ、報告の証拠としての「資料」を別に作成するのです。

　このとき、発表者が「本編」と「資料」の両方を使って、あちこち飛びながら説明するようになってはいけません。「本編」だけを

読めば、会議の出席者（読み手）に、議論に必要な情報がわかるように作ることが鉄則です。

「弊社宅配サービスに関するアンケート調査の結果報告」

1．調査概要（資料１参照）

調査期間：○○年８月20日（月）〜９月10日（金）

調査対象：弊社サービスの利用者20,000人

　　　　　（回答数：1,233名）

調査方法：メールによる調査の配信、WEBによる回答

2．調査結果のポイント

⑴　弊社宅配サービスの利用頻度（資料２①参照）

利用頻度は、月２回が32.5％と最も多く、月１回（28.3％）とあわせて利用者の半数以上を占めた。

⑵　弊社宅配サービスの満足度（資料２②参照）

……

＊「本編」の構成と「資料」の順番を揃える

＊「資料」を見なくても、「本編」を読めば内容がわかるように書く

発表者が、「まず本編の……をご覧ください。次に地域ごとの利用回数については、資料２ページの表３をご覧ください。……また本編に戻っていただいて……」などとやり出すと、出席者は資料をあちこちひっくり返すのに忙しく、説明を聞くどころではなくなります。最後には、資料をひっくり返すのについていけなくなり、腕を組んで中空をにらむことになります。

筆者は、こうした光景を数多く見てきました。

ルール 18 [1文は80字を目安に]

　この項からは、句点（。）で区切られる1文についての話です。

　1文は、短く書きます。A4用紙を縦に使うとすると、横書きで2行、80字程度が限度でしょう。

　新聞の紙面を見てください。新聞記事の1行は縦書きで11〜12字です。1つの文が8行を超えることはあまりないと思います。

　新聞の記事は、よいビジネス文章の見本です。文章を書くときは、新聞記事の1文の長さを念頭におくといいでしょう。

　この1文も、書き手の本能として、長くなってしまう傾向があります。その理由は、固まりとしての文章が長くなってしまうのと同じです。

→ルール12〜13　短くまとめる②③（38頁）

　1つは、書き手に知識があるからです。

　知識があるから、「原則」だけでなく、「例外」を知っています。「原則」と「例外」が同時に頭に浮かぶため、1文の中に両方を入れ込まずにはいられなくなります。たとえば、下の例文のような具合です。

原文▶　有期契約の労働者は、継続して3回以上労働契約の更新をしている労働者や1年を超えて継続勤務をしている労働者でなければ、原則として契約期間を過ぎたところで自動的に労働契約が終了する。

上の文を「原則」と「例外」の2つの文に分けて、接続詞「ただし」を使ってつなげると、次のようになります。

改善▶ 有期契約の労働者は、原則として契約期間を過ぎれば自動的に労働契約が終了する。ただし、3回以上労働契約を更新している労働者や1年を超えて継続勤務している労働者は例外である。

あるいは、抽象的な法則について、知識のある人は、それを裏づけるたくさんの具体例を知っています。それらも同時に頭に浮かぶので、本能的に、1文の中に抽象的な法則とその具体例を書き込んでしまいます。

▶ 顧客情報を全社で一元管理すれば、部門間で保有する顧客情報が重複することを防げるとともに、部門横断的に同一の顧客情報を活用することが可能になり、営業活動の効率化が図れる。

⬇

▶ 顧客情報を全社で一元管理すれば、部門間で保有する顧客情報が重複することを防げる。同時に、部門横断的に同一の顧客情報を活用することが可能になり、営業活動の効率化が図れる。

▶ 顧客情報を全社で一元管理すれば、営業活動の効率化が図れる。部門間で保有する顧客情報の重複が防げるとともに、部門横断的に同一の顧客情報を活用することが可能になる。

1文が長くなるもう1つの理由は、知識が豊富にあるのと反対で

す。よくわかっていなかったり、書く前によく調査しないまま、よく理解しないまま書いてしまうからです。何となくふわふわと書いてしまうので、文が長くなってしまうのです。

　1文の長さと直接は関係ありませんが、よく理解しないまま文章を書くと、論理が飛ぶ原因にもなります。

　1文を短くする方法も、固まりとしての文章を短くする方法と同じです。本能的に長い1文を書いてしまうのはしかたありません。書いた後で、文意ごとに区切って短くします。

▶ テレワークがより一般化すると、都心のオフィス需要はどうなるのかについては、2つの異なる意見がIT業界からもある。1つは、テレワークにより都心に大きなオフィスは不要になるというものと、ソーシャルディスタンスを図るため、より大きなオフィススペースが必要になるというもので、米国では前者代表はツイッター、後者代表はグーグルのようだ。

▶ テレワークがより一般化すると、都心のオフィス需要はどうなるのか。2つの異なる意見がIT業界からもある。1つは、テレワークにより都心に大きなオフィスは不要になるというもの。もう1つは、ソーシャルディスタンスを図るため、より大きなオフィススペースが必要になるというものだ。米国では前者代表はツイッター、後者代表はグーグルのようだ。

▶ 社会においてハラスメントに対する意識がより高まっており、ハラスメント防止への取組が甘い、ないしは事後的な処理が加

害者よりだ、と評価されるようだと、社会的な糾弾を受けかねない。こうした意識は、当社社員の中でも高まっていると思われ、内部通報の件数も若干ではあるが、増加傾向を示している。

⬇

▶ 社会においてハラスメントに対する意識がより高まっている。ハラスメント防止への取組が甘い、ないしは事後的な処理が加害者よりだ、と評価されるようだと、社会的な糾弾を受けかねない。こうした意識は、当社社員の中でも高まっていると思われる。内部通報の件数も若干ではあるが、増加傾向を示している。

　1文を短く区切るだけで、文章全体が歯切れのよい印象に変わります。

ルール 19 ［ワンセンテンス・ワンテーマを意識する］

　ワンセンテンス・ワンテーマとは、1つの文に1つのことしか書かない、ということです。1つのことしか書かなければ、必然的に1文は短くなります。

「肯定」と「否定」を1文に書かない。
「原因」と「結果」を1文に書かない。
「原則」と「例外」を1文に書かない。
「抽象的な法則」とそれを裏づける「具体例」を1文に書かない。

　これがワンセンテンス・ワンテーマということです。

　繰り返し書いているように、知識の豊富な人は、複数のことが一度に頭に浮かびます。さらに、その複数のことを上手に並べる文章作法を知っています。ワンセンテンス・マルチテーマというわけです。
　これが1文を長く、読みにくくします。結果として、わかりにくい文章になります。

　知識があること自体は悪いことではありませんから、最初に書く文がワンセンテンス・マルチテーマになるのはしかたありません。推敲するときに、ワンセンテンス・ワンテーマに構成し直せばいいのです。

このときに便利なのが接続詞です。原則と例外なら「しかし」や「ただし」、原因と結果なら「したがって」や「これにより」などを使って、1文を分けます。

原文▶ リモートワークの導入は、企業にとって喫緊の課題だが、労務管理やセキュリティ管理、導入コスト等がかかることから、資金に余裕のない中小企業では導入がなかなか進まない。

⬇

改善▶ リモートワークの導入は、企業にとって喫緊の課題だ。しかし、労務管理やセキュリティ管理、導入コスト等がかかる。そのため、資金に余裕のない中小企業では導入がなかなか進まない。

▶ 解釈や運用によって、現行信託業法の下においても、弁護士等が業務として受託者になる余地があってよいとの考え方もあるが、今のところ弁護士等がその業務として受託者となった場合、信託業法違反となる可能性は否定できない。

⬇

▶ 解釈や運用によって、現行信託業法の下においても、弁護士等が業務として受託者になる余地があってよいとの考え方もある。ただし、今のところ弁護士等がその業務として受託者となった場合、信託業法違反となる可能性は否定できない。

→ルール46　安易に「が」を使わない（124頁）

→ルール47　長い文を短くしてつなぐ（126頁）

→ルール51　接続語で「形式」にはめる（136頁）

ワンセンテンス・ワンテーマに分けたら、順番を入れ替えることも検討します。文を並べ替えてみて、書き手の意図がもっとも的確に伝わる順番にします。

▶ | 当社のハラスメント防止体制は、セクハラのみを念頭においたもので、多岐にわたるハラスメントに対する防止体制としては、十分とは言えない上に、セクハラは主として女性が被害者となるが、その社内通報窓口として、女性社員が配置されていないのは問題である。

⬇

▶ | 当社のハラスメント防止体制は、セクハラのみを念頭においたものである。多岐にわたるハラスメントに対する防止体制としては、十分とは言えない。また、セクハラは主として女性が被害者となる。その社内通報窓口として、女性社員が配置されていないのは問題である。

⬇（順番を入れ替える）

▶ | セクハラは主として女性が被害者となる。その社内通報窓口として、女性社員が配置されていないのは問題である。また、セクハラのみを念頭においた当社のハラスメント防止体制は、多岐にわたるハラスメントに対する防止体制として、十分とは言えない。

ルール 20 [短文は、文法の誤りを防ぐ]

　なぜ、1文は短いほうがよいのでしょうか。それは、1文が長いと読みにくい上に、文法の誤りを犯しやすいからです。

　多くの人は、「文法など、そうそう間違えるわけがない」と思うかもしれません。しかし、筆者の経験によれば、文法の間違いは驚くほど多くあります。典型的なのが、文頭と文尾の不対応です。

原文▶ リモートワークの実施は、労務管理やセキュリティ管理などの課題もあるが、仕事の効率が上がる。

改善▶ リモートワークの実施は、労務管理やセキュリティ管理などの課題もあるが、仕事の効率を上げる。

▶ リモートワークの実施によって、労務管理やセキュリティ管理などの課題もあるが、仕事の効率が上がる。

　このような文法間違いは、1文を短くすることで見つけやすくなります。

改善▶ リモートワークの実施によって、仕事の効率が上がる。しかし、労務管理やセキュリティ管理などの課題もある。

　日本語は、主語が文頭に、述語が文尾にくるのが基本です。

　１文が長くなると、主語と述語の距離が遠くなります。また、複数の文をつないだ結果、１つの主語に対して、複数の述語が対応することもよくあります。

　そのため、何となく書いていると、文頭と文尾の不対応を見落としてしまうのです。

▶ ｜ 政府が打ち出した**緊急経済対策**は、規模においても実施時期までの時間の短さについても、**前例のないものとされるが**、実際の効果、とくに資金繰りに窮しつつある中小企業者の救済という効果が短期間に見込めるものなのか、**多くの批判をしている。**

⬇

▶ ｜ 政府が打ち出した**緊急経済対策**は、規模においても実施時期までの時間の短さについても、**前例のないものとされるが**、実際の効果、とくに資金繰りに窮しつつある中小企業者の救済という効果が短期間に見込めるものなのか、**多くの批判にさらされている。**

▶ ｜ 政府が打ち出した**緊急経済対策**は、規模においても実施時期までの時間の短さについても、**前例のないものとされる。しかし、**実際の効果、とくに資金繰りに窮しつつある中小企業者の救済という効果が短期間に見込めるものなのか、**多くの人が批判をしている。**

　文法の間違いは、音読すればわかります。少なくとも、違和感を感じるはずです。→ルール09　**音読してみる**（31頁）

ところが、違和感を感じても、それをやり過ごしてしまう人がいます。「多少違和感があっても、意味は伝わるだろう」という甘えがあるからです。

　そのような文章を会議などで音読することになったら、発表者はさぞかし慌てるでしょう。本能的に違和感を感じるので、何とか言い換えようとして、余計な時間を使ってしまいます。

　結果として、そのプレゼンテーションの印象は、かなり悪いものになります。

もうワンポイント！　ビジネス文章に美しい文体はいらない

　気の利いた形容詞や副詞は、文学作品のような美しい文章を書くためには必要でしょうが、ビジネス文章には必要ありません。

　それよりも１文を短く、文頭と文尾がきちんと対応している文章を書くほうが大切です。

　そうすれば、初歩的な文法間違いを犯すことも、文章が読みにくくなることもありません。

ルール
21 ［ ムダな語尾動詞を使わない ］
（調査を実施する→調査する）

　ムダな語尾動詞を使うと、１文が長くなるだけでなく、文全体の印象が弱くなります。

　「実施する」「行う」などは、英語でいえば「DO」に当たるのでしょう。ほとんど意味のない、あるいは意味の弱い動詞です。

　そうした意味の弱い動詞が、やたらと使われている文章が少なくありません。たとえば、以下のような表現です。

調査を実施する	→	調査する
生産調整を実施する	→	生産を調整する
平準化を実施する	→	平準化する
分析を行う	→	分析する
適切な対応を行う	→	適切に対応する

　「調査を実施する」と「調査する」にどのような違いがあるでしょうか。

　前者は後者に比べて「実施する」の分だけ１文が長くなります。これを省くことにより、１文を短くすることができます。

　もう１つは印象です。

　日本語は述語が語尾にきて、述語に係る動詞に重要な意味があります。ところが、「調査を実施する」では、「実施する」が述語にな

ります。「調査する」では「調査する」が述語です。

> **原文▶** 顧客動向の調査を実施する。
>
> ⬇
>
> **改善▶** 顧客動向を調査する。

「実施する」という意味の弱い動詞が1文の結論になると、「弱い」印象の文になります。

　書き手の気持ちの中に、「言い切りたくない」、「少し印象を弱めたい」という思いがあると、無意識のうちに弱い、意味の薄い動詞を語尾にもっていきがちです。
　読み手は、余計な単語を読まされている、というイライラ感に加えて、「書き手には言い切る自信がないのだな」という印象をもちます。

もうワンポイント！　準備不足が自信のなさにつながる

　言い切るためには、自信が必要です。自信をもつには、十分な裏づけ調査などの準備が必要なこともあるでしょう。
　本書は文章作成術の本ですが、文章を作成する以前の心構えとして、自信を裏づけるための十分な準備が大切です。
　いい加減な準備では、短く、歯切れのいい文章は書けません。

ルール
22

［「前記①のとおり」の①を埋もれさせない］

　同じ事実を繰り返し書く必要があるときは、「前記①のとおり」などとします。文を短く、簡潔にまとめることができます。

　ただし、どこに前記されているのか、読み手に一目瞭然にわからなければ意味がありません。

→ルール38　ナンバリングを行間に埋もれさせない（100頁）

原文▶　……としては、①………の場合がある。この場合は……。次に②………の場合がある。この場合は………である。最後に③………の場合がある。この場合は………。

　　　　　前記①については、………。

　　　　　　　　　　　　　⬇

改善▶　……としては、次の３つがある。

①　………の場合は………である。

②　………の場合は………である。

③　………の場合は………である。

　前記①については、………。

　また、「後記のとおり」とはしません。事前の知識なく「後記のとおり」とされても、読み手にはわからないからです。

Part2のまとめ

①文書は A4 用紙で1枚、長くても2枚にまとめる。

②1文は 80 字程度を目安にする。

③最初は長い文を書いてもかまわない。書いてから削ぎ落とす。

④言い訳を書き連ねると、文章は長くなる。事実だけを書く。

⑤書くべきことの本質を的確にとらえる。そのための事前調査を惜しまない。

⑥問題のない部分は短く、問題になる部分にボリュームを割く。

　「一気に書いたものが完璧な文章になっているという人も、たまにはいるであろう。しかしそれは常人の能力ではなしえない。書いたものにどれだけの無駄があるか、表現にぽんやりした不明確な部分が残されてはいないかを確かめ、要らないところは容赦なく削り取る」（曽野綾子『悲しくて明るい場所』収録「後姿を映す鏡」より）

　プロの作家でも、最初から無駄のない、完璧な文章を書くことは難しいのです。素人はなおさらです。必要なのは、余計な部分を容赦なく、大胆に削り取る勇気です。

Part**3**

「レイアウト」の基本

「読みやすさ」にとことんこだわる

余白を作る
（びっしり書くと読み手に嫌われる）

　余白がまったくない文章は、読み手に苦痛を与えます。苦痛を与えたのでは、読み手に内容をしっかり伝えることができません。それどころか、読む前からネガティブな印象をもたれてしまいます。

　読まずに、下の２つの文章を「見て」ください。

▶文字が詰まっている

> 　テレワークには、仕事の生産性が向上するメリットがある。生産性の向上は、多くの日本企業にとって喫緊の課題である。しかし、テレワークの導入には、労務管理やセキュリティ管理の面で課題が多い。さらに資金に余裕のない中小企業では、導入にかかるコストも障害となって、なかなかテレワークが進まない傾向にある。

▶文字が詰まっていない

> 　テレワークには、仕事の生産性が向上するメリットがある。生産性の向上は、多くの日本企業にとって喫緊の課題である。しかし、テレワークの導入には、労務管理やセキュリティ管理の面で課題が多い。さらに資金に余裕のない中小企業では、導入にかかるコストも障害となって、なかなかテレワークが進まない傾向にある。

　どちらのほうを読みやすく感じるでしょうか？
　おそらくほとんどの人が、下のほうを「読みやすい」と感じると思います。

文字がぎっしり詰まっている文章は、読む前から読み手の気持ちを萎えさせます。読み手を「さあ、読むぞ」という気にさせるには、適度な余白を作って、**読み手の目にやさしいレイアウト**にしなければなりません。

ワードなどの文章作成ソフトには、余白（文字の収まる範囲、文字の間隔、行の間隔など）を設定する機能がついています。

これについては、基本的に標準よりも余白を少なくしないほうがいいでしょう。むしろ、標準以上に余白を作ったほうがいいぐらいです。

図表も同じです。紙のサイズいっぱいに、数字や文字がびっしり並んだ表を読みたいと思う人はいません。

余白がなく、細かな文字がびっしり並んでいる文章ほど、読み手の気持ちを引かせるものはないのです。

もうワンポイント！　表の削り方

エクセルなどを使って表を作成し、それを何とか１枚に収めなければならないときは、まず、「情報量」を見直します。

情報量を削っても、まだ収めることができなければ、次に「表を２枚に分ける」ことを検討します。

うまく２枚に分けられないときは、最後の手段として、「余白を削る、文字を小さくする」といった機能を使って、表を１枚に収めます。

1行40字が原則

（読み手の目の移動を抑える）

　　読み手の目の動きをなるべく抑えるレイアウトを心がけてください。1行の文字数は、上から下へ、目を横にほぼ動かさないでも読み進められるくらいの幅にします。

　ビジネス文書は、Ａ４用紙を縦に使うのが典型的なレイアウトでしょう。文章は横書きで、1行40字を原則とします。これは**読み手に対する配慮**です。

　左から右へ読み手が目を大きく動かさずに、上から下へ読んでいけるくらいのレイアウトを心がけます。

　ここで、とくに強調したいのが**Ａ３用紙を使ってはダメ**だということです。

　Ａ３用紙はＡ４用紙の倍の大きさなので、1枚に収められる情報量が倍増します。書き手からすれば、集めたすべての情報を1枚に並べられるという利点があります。報告書に添付する資料として表を入れたいときなど、Ａ３用紙を使いたい誘惑に駆られることもあるでしょう。

　しかし、これを見せられる側は大変です。目の動きが大きくなるからです。また、その情報のポイントがどこにあるのか、まったくわからなくなるデメリットもあります。

　結果として、書き手が作ったその労作は、期待するほど読み手の頭には残りません。

ましてや、Ａ３用紙を横に使ったレイアウトで、文章を長々と横書きにするのは最悪の方法です。

　Ａ４用紙でも同じことですが、紙を横向きに使って、横書きで文章をびっしり配置するレイアウトは、読みにくいことこの上ないからです。

　最近はパワーポイントの影響からか、Ａ４用紙を横に使うケースも出てきました。

　パワーポイントが読みにくくないのは、使われるフォント（文字）が大きいからです。仮にフォント（文字）を通常の文書の大きさにしたら、パワーポイントであっても読みにくいことに変わりはありません。それどころか、パワーポイントにする意義がなくなってしまいます。

段落を分ける
（読み手に頭の整理をさせる）

　意識して、段落を分けます。段落のある文章とない文章では、読みやすさがまったく違います。

　段落とは、長い文章をいくつかのまとまりに分けた区切りのことです。「形式段落」（1文字下げて書き始める文の固まり）と「意味段落」（同じ内容について書いてある形式段落のまとまり）の2つがありますが、形式段落をうまく使うと、読みやすく使いやすい文章になります。

　1つには、段落があれば、読み手は、トピックの固まりとしての文章を直感で把握できます。また、少なくとも読み始めた段落は最後まで読もう、という程度の気力が出ます。

　さらに段落を読み切ってしまえば、途中で読むのを中断しても、次にどこから読んだらいいかがわかります。

　そして、段落を分けることは実用的でもあります。

　会議では、複数の出席者に対して、発表者が資料を示しながら説明する場面がよくあります。そんなとき、段落分けをしていない文章だと、発表者は「上から○行目の○○から始まる箇所をご覧ください」などと説明しなければなりません。そのたびに、出席者もいちいち行数を数えなければならず、ムダに時間を取られます。

　これでは、肝心の議案事項に関する印象が薄れてしまいます。段

落分けがしてあれば、「上から〇段落目をご覧ください」の一言で、スマートに議論を進めることができます。

▶段落分けをしていない

空き家問題がさまざまなところで言われている。空き家は地域の景観維持や住民の安全確保の障害になっている。加えて、被災した空き家は被災地域復興の障害になっている。こうした空き家に手をつけられない理由として、個人の所有権の侵害が言われる。しかし、何十年も空き家であるということは、その家の居住の権利はすでに放棄されているといえよう。一方、所有には義務もともなう。空き家の所有者は、近隣に迷惑をかけない義務も果たさず、おそらく固定資産税も払っていないだろう。

▶段落分けをしている

空き家問題がさまざまなところで言われている。空き家は地域の景観維持や住民の安全確保の障害になっている。加えて、被災した空き家は被災地域復興の障害になっている。

こうした空き家に手をつけられない理由として、個人の所有権の侵害が言われる。しかし、何十年も空き家であるということは、その家の居住の権利はすでに放棄されているといえよう。

一方、所有には義務もともなう。空き家の所有者は、近隣に迷惑をかけない義務も果たさず、おそらく固定資産税も払っていないだろう。

字下げをする
（読み手に段落を意識させる）

　段落を分けたら、必ず最初の文字を字下げします。字下げをしないと、読み手は段落の固まりが認識できません。それでは、段落を分けた意味がなくなってしまいます。

　右ページにある2つの文章は、同じ箇所で段落分けをしています。
どちらのほうが、はっきりと段落を認識できるでしょうか。また、より読みやすく感じるのはどちらでしょうか。
　答えは明らかです。
　段落の頭を1文字下げることにより、読み手は**段落を固まりとして認識**しやすくなります。また、字下げした分だけ空白が生まれ、目にやさしいレイアウトになります。

　段落の最初の文字を1字分下げることは、小学校で習う日本語表記の基本です。しかし、これができていない文章が非常に多くあります。
　おそらく書き手のオリジナルルールとして、字下げをしないことにしているのでしょう。そのような書き手のオリジナルルールには、「読み手にやさしく」という配慮が足りないように思います。

　英語の場合は1字分ではなく、数レター下げることにより、もっと文頭に空白を作るのがルールです。
　いずれのルールも、段落を読み手に意識させ、目にやさしいレイ

アウトにするのが狙いでしょう。

▶字下げをしていない

日本は高齢社会から多死社会の入り口にさしかかっている。
世間では死をタブー視する態度が薄れてきたようだ。また、何より
もいわゆる「おひとりさま」のニーズがあるからか、一般紙では
「終活」と称して、遺言、死後事務など、死をテーマにした特集が
されるのをよく見るようになった。
一番強いニーズが「おひとりさま」にあるとはいえ、やはり1人
では完結できないことのほうが多い。結局、専門家の助力を頼むこ
とになるだろう。

▶字下げをしている

　日本は高齢社会から多死社会の入り口にさしかかっている。
　世間では死をタブー視する態度が薄れてきたようだ。また、何よ
りもいわゆる「おひとりさま」のニーズがあるからか、一般紙では
「終活」と称して、遺言、死後事務など、死をテーマにした特集が
されるのをよく見るようになった。
　一番強いニーズが「おひとりさま」にあるとはいえ、やはり1
人では完結できないことのほうが多い。結局、専門家の助力を頼む
ことになるだろう。

ルール
27

余計な装飾をしない
（暇だと思われる）

　ワードやエクセルなどを使いこなす技術のある人ほど、余計な装飾をしがちです。度を過ぎた装飾は、かえって文章を読みにくくします。

　余計な装飾とは、イラストや特殊文字のことです。

　読みやすさやポイントを強調するために、タイトル部分やキーワードとなる言葉のフォント（文字）を変える程度はいいでしょう。しかし、**度を過ぎた装飾は、かえって読みにくい**ものです。

　テクニックのある人ほど、余計な装飾に力を入れる傾向があるようです。パワーポイントを使ったプレゼンでは、字が浮き上がってきたり、動画が添付されていたりすることもあります。

　残念ながら、そうした装飾は、書き手が考えるほどよい効果を生みません。筆者であれば、「これのために、この人は何時間使ったのだ？」と、あきれてしまいます。

　さらに付け加えれば、装飾がなければＡ４用紙１枚ですむところが２枚になったりして、読み手に余分な労力をかけることになります。ファイリングにも、２倍のコストがかかります。

　余計な装飾に手間と時間をかけるぐらいなら、その手間と時間を使って、文が長くないか、文法の間違いはないか、段落分けは適切かなどについて見直すべきです。

74

▶装飾が多い

OneTeam活用の概要

チャットやビデオ会議用コミュニケーションツール「OneTeam」の試用を8月から実施する。このツールは、組織内のコミュニケーションの活性化が期待できるので、全員が操作に習熟した段階で、「社内連絡についてOneTeam利用に統一すること」を計画している。

1. OneTeamとは
《利用できる機能は？》
・①チャット、②ビデオ会議、③共同作業等のサービス。

▶装飾が多くない

OneTeam 活用の概要

　チャットやビデオ会議用コミュニケーションツール「OneTeam」の試用を8月から実施する。このツールは、組織内のコミュニケーションの活性化が期待できるので、全員が操作に習熟した段階で、「社内連絡についてOneTeam利用に統一すること」を計画している。

1.　OneTeamで利用できる機能
　　①チャット、②ビデオ会議、③共同作業等のサービス

ビジネス文書もコスト意識が大事

　ビジネス文書は、1回読まれて終わりではありません。ほとんどの文書はファイルされて、一定期間保管されます。

　ペーパーレス化が進んでいますが、ファイリングに限っていえば、紙ベースでも行っている企業は少なくないと思われます。

　このとき、文書の保管スペースをいかに確保するか、歴史のある古い企業ほど、担当者は頭を悩ませています。

　この保管スペースを節約し、かつコピー用紙の枚数を2分の1に減らす方法があります。文書を両面印刷するのです。さらに、インク代を節約するには、対外的なプレゼンテーション資料などを除き、モノクロ印刷を原則とします。

　こうした細かな節約が、社員1人ひとりに身についている企業ほど、強い企業です。

　ちなみにA3用紙はファイルする際にも困ります。たいていはA4ファイルの中に折りたたんでファイルすることになりますが、折りたたむ分のひと手間がムダにかかります。しかも折りたたむことによって紙がかさばり、余分にスペースを取って、それもまたムダにつながります。

文字の大きさは10.5〜12pt

（読めない情報はないのと同じ）

　小さい文字は読んでもらえません。とくに、読み手が老眼鏡を使うような年齢層であればなおさらです。

　フォント（文字）の大きさは、小さくてもせいぜい10.5pt（ポイント）が限度です。できれば12ptくらいが、読み手にやさしい大きさでしょう。

　とくに、読み手が高齢者である場合は、12ptくらいを目安にするべきです。大半が40代以上の出席者が読む文書や、高齢な顧客に向けた文書は、**文字が小さいだけで失格**です。

■フォント（文字）の大きさの基本

> 読み手の年齢層が高い文書……12pt
> 読み手の年齢層が高くない文書……10.5pt

　経営会議や取締役会の席上では、高齢の役員らが、資料を遠くに離して読もうとしている光景をよく見かけます。そのうち資料を目で追うことをあきらめて、最後には腕組みをして机の上をにらんでいます。

　読めないのですから、そこには何も書いてないのも同じです。

リスク事項（問題点）ほど大きく書く

顧客のリスクに関わる事項ほど、大きな文字で書きます。読み手に親切なだけでなく、トラブルが起きたときに自分や会社を守ることにつながります。

顧客向けの資料を読みにくい小さな文字で書いてしまうと、営業上、大きなマイナス点になります。

それだけではすみません。危険でもあります。契約書などを交わすとき、顧客リスクに関わる箇所が読めないような小さな文字で書いてあると、トラブルになったときに困ります。

「そんな特記事項は知らされていない。なぜなら、小さくて読めない文字で書いてあったから」と言われたらどうするのでしょう。

たしかに書いてある。そして口頭で説明もした。しかし、口頭による説明の有無は水掛け論です。文書が証拠になるはずが、顧客が読めないような文字で書いてあると、上記のような反論を受けることは十分に考えられます。

読めない大きさの文字で書いてある文章は、何も書いていないか、知らない外国語で書いてあるのと一緒です。

のちに説明の有無を問われかねない**リスク文言ほど、大きな字で**書きましょう。読み手にやさしいだけでなく、顧客クレームから自分や会社を守ることにもなります。

読む気にならない稟議書の決裁は
後回しにされる

　一目見て、読む気が起こらない文書は、読むのを後回しにされます。誰だって、苦痛のタネは後回しにしたいからです。

　仕事でも、困難な仕事を後回しにするのはよくあることです。もちろん、決して褒められたことではありませんが。

　後回しにされるということは、それが稟議書のような決裁文書であれば、「決裁が遅れる」ことに他なりません。

　そもそも「後回しにされる」のですから、読み手はその文書を読む前に、他の文書を読んだり、他の仕事を片づけたりしているわけです。

　ひと仕事もふた仕事もすませてから読むのですから、当然、頭だって疲れています。読んだ内容を理解する力も衰えているはずです。

　読むのを後回しにされると、それだけでハンディキャップを背負ってしまうのです。

　すぐに読んでもらうには、まず、読む気を起こさせる、目にやさしいレイアウトにすること。そのためには、「余白を作る」ことが大切です。

Part3のまとめ

①余白を作る。余白がない文書は、読み手の気持ちを萎えさせる。

②読む気にならないレイアウトの文書は、読むのを後回しにされる危険がある。

③1行は40字まで。大きく目を動かさずに、1行が視界に入るぐらいを意識する。

④Ａ３用紙は絶対に使わない。

⑤段落の頭は1文字下げる。これにより、読み手は「文章の固まり」を意識できる。

⑥小さな文字で書かれた文書は読んでもらえない。読めない情報はないのと同じ。

⑦リスク事項（問題点）ほど大きく、目立たせる。

　読み手を「さあ、読むぞ」という気持ちにさせるために、とことん「読み手にやさしいレイアウト」にこだわります。

　そもそもビジネス文書を読むのが好きという人はいません。仕事だから、職務上読まなければならないから読むのです。もともと読みたいわけではないところに、紙いっぱいにびっしりと細かい字が並んだ文書を見せられたら、読み手の気持ちはいっそう萎えてしまいます。

「ナンバリング」の基本

文章全体を1つのストーリーにしよう

ナンバリングのルールを守る

（形式を共有する）

ナンバリングは、ルールどおりに行います。どの文書も同じルールでナンバリングしてあれば、読み手は書かれている内容を予測しやすくなります。

ここでいう「ナンバリング」とは、文章の項目ごとに、1、(1)などの番号を振っていくことです。

ナンバリングには、絶対的なルールがあるわけではないようです。かといって、まったくルールがないわけではありません。会社ごと、団体ごとに、ルールを定めているところは多いでしょう。

一般的なルールとしては、文化庁が出している『公用文作成の要領』が参考になります。

■項目の細別順序の例（横書きの場合）

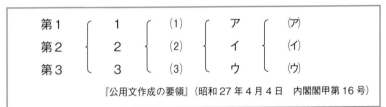

『公用文作成の要領』（昭和27年4月4日　内閣閣甲第16号）

筆者の実感としては、大項目にローマ数字を使ったり、小項目にアルファベットを当てているケースも多いようです。

また、箇条書きのナンバリングとしては、①や(a)がよく使われている印象です。

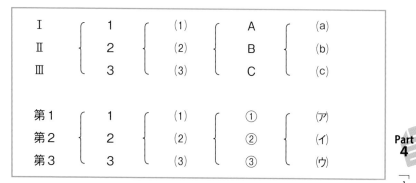

　なぜ、ナンバリングにルールが必要かといえば、読み手に**予測さ
せる**ためです。

　ルールどおりにナンバリングがしてあれば、読み手は、

　「第1やⅠは大項目である。だから、大きなくくりの話、あるい
は総合的な話だろう」

　「Aや(a)は小項目である。だから、細かな話だろう」

　と、文章全体の構成の中で、それがどこの部分に当たるのか予測
できます。

　そして本文を読むことによって、予測どおりの内容が書かれてい
ることを確認します。

　予測し、確認するというプロセスを踏むことで、読み手の理解が
いっそう進みます。

　ここで、第3のキーワードの登場です。

　　　　キーワード③　予測（読み手に予測させる）

　もし、書き手が勝手気ままにナンバリングをしていたら、どうな
るでしょうか。

読み手は、これから読もうとする項目が、全体の構成の中でどこに当たるのか、まったく予測できません。予測できないから、読みながら考えることになります。その分、理解するのに時間がかかります。

　結果として、読み手にとってその文章は、「わかりにくい文章」ということになります。

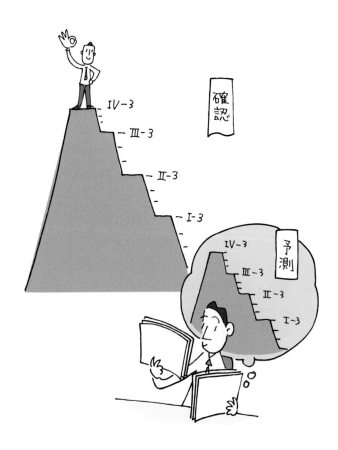

組織全体の思考プロセスを「形式」にはめる

　ナンバリングのような文書作成上の形式（あるいは作法のようなもの）をうるさくいう必要があるのかと言えば、これはあります。そのような細かな形式をルール化している会社は、かなりしっかりした会社と言えるでしょう。

　社員全員が、この作法にしたがって文書を作成すれば、読み手である部長・役員等の管理職は、読みやすいことこの上ありません。

　たとえば、部門ごとの業績を報告する、月次の経営会議資料を思い浮かべてください。ナンバリングのような細かな形式をルール化している企業であれば、当然、報告書の形式も指定されていることでしょう。

　それはつまり、社内のすべての部門からの報告が、統一された形式にしたがってなされるということです。

　読み手は、予測し、それを確認するという２段階のプロセスを踏むことによって、理解を深めます。それがすべての部門からの報告について繰り返されれば、読み手の理解はさらに深まります。

　あるいはこうも言えます。

　読み手は、内容を理解するために余計な努力をする必要がなくなります。思考がパターン化するので、余分な考えをめぐらしたり、理解するのにつっかかったりすることがなくなるからです。

　パターン化するとは、すなわち「形式」にはめるということです。

［ナンバリングには標題をつける］

　ナンバリングには標題をつけます。標題をつけることで、読み手はさらに予測しやすくなります。

　下の例では、中国、韓国、インドがその標題に当たります。

1．中国

2．韓国

3．インド

　標題がなく、いきなり「1.」の後に中国のことを書くスタイルもないわけではありません。しかし標題があれば、「ああ、ここから中国のことが書いてあるのだな」ということを読み手は予測できます。

　また、ナンバリングと標題だけを見渡して、文書の全体感をとらえることができます。文書が報告する事実の概要を予測することができるわけです。
　上の例で言えば、中国と韓国とインドが標題としてあがっているので、「アジアについての現状が報告されるのであって、欧米については範囲に入っていないのだな」ということがわかります。

原文▶

1．事故を踏まえて新しい工場でのルールを策定するとしてどのような要素が必要か。…………が考えられる。

　(1)　まず、ハード面のルールとしては、…………必要がある。

　(2)　次にソフト面の第一に管理者の管理ルールがある。………必要がある。

　(3)　ソフト面の２つ目であり、もっとも実践上重要なのは、個々の工員の…………が主たる職責となる。

　……

↓

改善▶

1．生産現場での新ルール

　事故を踏まえて新しい工場でのルールを策定するとしてどのような要素が必要か。…………が考えられる。

　(1)　設備と環境

　　まず、ハード面のルールとしては、…………必要がある。

　(2)　管理者ルール

　　次にソフト面の第一に管理者の管理ルールがある。…………必要がある。

　(3)　工員ルール

　　ソフト面の２つ目であり、もっとも実践上重要なのは、個々の工員の…………が主たる職責となる。

　……

Part **4**

「ナンバリング」の基本

標題と記述内容をあわせる
（記述内容が規律される）

標題をつけることは、書き手にとっても役に立ちます。標題に沿って書こうと意識するので、記述内容が規律されるのです。

たとえば、「1. 中国」と標題をつけておいて、韓国のことや北朝鮮のことを書こうとする人はいません。

ナンバリングと標題には、**文章を形式化し、内容が規律される効果**があります。それにより、読み手はこれから読む内容を予測しやすくなります。

逆に、自ら設定したナンバリングと標題に規律されることなく自由演技をしてしまうと、読み手に与えたはずの予測を裏切ってしまいます。

しかし実際には、せっかく標題をつけておきながら、その規律を破っている文章に遭遇することが少なくありません。

---

1. アメリカ

2. イギリス

3. イタリア

上記のような標題であれば、当然、読み手は「アメリカ、イギリス、イタリアの3カ国それぞれについて書いているのだな」と予測します。

ところが読み始めると、「3．イタリア」という標題がついているのに、途中から、スペインのことやEU全般のことが書かれていたりします。読み手の予測は裏切られ、ここに書かれている文章の本質はどこにあるのか、悩むことになります。

文章を書いたら、読み手の立場から、厳しく自分の文章を読み直してください。そして、標題どおりの内容になっているか、確認します。

→ルール06　読み手の視点で推敲する（27頁）

標題から外れた部分があれば、削除するか、新たにナンバリングを加えて標題をつけることを検討します。

■記述内容にあわせた標題に変える

原文▶
1．アメリカ
2．イギリス
3．イタリア

⬇（「3.イタリア」にスペインやEU全般のことが書かれている場合）

改善▶
1．アメリカ
2．イギリス
3．EU

あるいは

▶
1．アメリカ
2．イギリス
3．EU
　⑴イタリア
　⑵スペイン

ルール 33 記述内容と順番を整理する

　文章は、思いついた順番に書くのではありません。思いついたこと（書こうと考えていること）の重要性を考え、書く順番を決めてから書き始めます。

　書く内容を考えるときは、いったん思いついたことをすべて書き出します。

　たとえば、今年度の事業部門の販売実績の報告書を作るとしましょう。

①思いついたことを書き出す

今年度の販売実績は

・新商品が期待したほど売れなかった

・売上目標に対して未達に終わった

原因は

・今年度の新商品は、販売店からの前評判が高かった

・新商品の発売当初の感触は非常によかった

・９月にライバル社から競合商品が発売された

・競合商品のほうが低価格でデザインがよかった

・ライバル社から競合商品が発売されたのが逆風になった

・市場全体も低迷している

そして、書き出した中から何を書くのか、あるいは何を書かない
かを考えます。

②書くこと、書かないことを決める

今年度の販売実績は
  ・新商品が期待したほど売れなかった
  ・売上目標に対して未達に終わった
原因は
  →今年度の新商品は、販売店からの前評判が高かった
  →新商品の発売当初の感触は非常によかった
  ・９月にライバル社から競合商品が発売された
  ・競合商品のほうが低価格でデザインがよかった
  ・ライバル社から競合商品が発売されたのが逆風になった
  ・市場全体も低迷している

　次に、どういうボリューム感で、どういう順番で書くかを考えま
す。
　この文章の構成を考える段階で、ナンバリングをして、標題をつ
けます。

［ナンバリングと標題で ストーリーを創る］

　読み手は、ナンバリングと標題を見て、その文書に書かれている内容を予測しようとします。そこで書き手側は、ナンバリングと標題を見ただけで、読み手が文書の概要を予測できるような構成を考えます。

　全体の構成を決めたら、標題に続く文章部分を読まなくても、標題の下に何が書かれているのか、読み手が予測できるようなナンバリングと標題を考えます。

　前項で示した例を使ってやってみましょう。

③全体の構成を決め、ナンバリングと標題をつける

```
　　　　　　　　　１．今年度の販売実績
　　　　　　　　　　　目標未達
　　　　　　　　　２．理由
　　　　　　　　　（1）新商品の販売不振
　　　　　　　　　（2）市況の低迷
```

　ナンバリングと標題が、読み手に文書の概要を予測させる構成になっていることを確認したら、次に、標題ごとに書く内容のボリュームの見当をつけます。ナンバリングとナンバリングの間にスペースを空けて、重要なポイントとそうでないポイントとで差をつけます。

同時に、書く必要のないことはないか、この段階でもう一度点検します。思いついたことはすべて書きたくなるのが人情ですが、「書かない勇気」を振り絞って、削除します。

④記述ボリュームの見当をつける

1．今年度の実績

〔↕ 狭く〕

2．理由

⑴新商品の販売不振

〔↕ 広く〕

⑵市況の低迷

〔↕ 狭く〕

⬇

1．今年度の実績

　　売上目標に対して未達に終わった。

2．理由

⑴新商品の販売不振

　　・新商品が期待したほど売れなかった

　　・ライバル社から競合商品が発売されたのが逆風になった

　　・競合商品のほうが低価格でデザインがよかった

⑵市況の低迷

　　・市場全体も低迷している

標題間の整合性を取る①
ヨコ（並列）の整合性

標題間の整合性が取れていない文章は、書き手の論理性を疑われます。

標題間に整合性がないとは、つまり次のようなことです。

原文▶
1．アメリカ
2．イギリス
3．イタリア
4．東京

国であるアメリカ、イギリス、イタリアと東京を並べては、整合性がありません。国なら国だけ、都市なら都市だけを並べます。

改善▶		あるいは		
1．アメリカ			1．ワシントン	
2．イギリス			2．ロンドン	
3．イタリア			3．ローマ	
4．日本			4．東京	

実際には、社内の体制が「東京本社、アメリカ支社、イギリス支社」となっていたりするでしょうから、社内組織図と照らして、標題に整合性が取れているかを慎重に検討します。

さらに、日本については地域ごとに分けることが多いでしょう。その場合は、たとえば次のようになります。

▶ 　　1．日本
　　　　⑴　本社
　　　　⑵　関西支社
　　　　⑶　中部支社
　　　2．アメリカ
　　　3．イギリス

このときの日本、アメリカ、イギリスの順番は、会社にとって重要な順番です。よくあるのは売上額の大きい順番です。

簡単なようでいて、これができていない文章をよく見ます。

最初の例でいうと、外国のことは「アメリカ」「イギリス」といった国単位のイメージでとらえがちな一方で、日本国内のことだと、「東京と大阪は違う」というように自然な感情があります。

そのため、原文に示したような標題になりがちなのです。また、文章の内容も同じようになりがちです。

標題をつけて文章構成をしないと、ますます整合性のチェックが甘くなります。ですから、文章の構成段階でナンバリングと標題をつけたら、ナンバリングと標題だけを並べてみて、**整合性が取れているか否かを確認する**ことが大事です。

標題間に整合性がない文章は、読み手に、「ああ、この文章は論理的ではない人が書いたのだな」という先入観を与えます。

4

「ナンバリング」の基本

標題間の整合性を取る②
タテ（構造）の整合性

標題の整合性は、項目の階層から考えることも大事です。書き手の論理性という観点から見ると、こちらの整合性が取れていないほうが問題です。

たとえば、何らかの事故が起きたときの対応策を報告する文書をイメージしてください。

事故が発生したことについては、この文書の読み手はすでに知っています。そこで、この文書では、事故の「概要」を短く伝え、その「原因」を記述し、「結果」として何が発生したのか（損失なのか、顧客からのクレームなのか、評判の低下なのか）を書き、原因に対する「対応策」と、それをどのような「スケジュール」で実行するのかを書きます。

このとき、下のようにナンバリングするのは間違いです。

原文▶

> 1．事故の概要
>
> 2．原因
>
> 3．結果
>
> 4．対応策
>
> 5．スケジュール

なぜなら「スケジュール」は対応策を実行するスケジュールであって、「4．対応策」の下にくる概念だからです。

すなわち、こうなります。

改善▶

```
            1．事故の概要
            2．原因
            3．結果
            4．対応策
             (1)　内容
             (2)　スケジュール
```

また、ときどき大項目とその下にくる中項目に同じ標題をつける人がいます。こんな具合です。

```
            1．事故の概要
            2．原因
            3．結果
            4．対応策
             (1)　対応策
             (2)　スケジュール
```

これは、論理的にありえない構造です。

大項目は中項目をまとめたものですから、同じ標題になることはありえません。逆から見れば、中項目は大項目の部分ですから、同じ標題ということはありえないのです。

ルール
37

「原因」と「結果」の
ナンバリングを一致させる

　一般的に内容を理解しやすいのは、パラレル（平行）に処理され
た文章です。つまり、対応関係がはっきりわかる文章です。

　事故が起こった原因と、それに対する結果（再発防止策）を書く
と仮定しましょう（いつも縁起の悪い例で恐縮です）。
　わかりやすいのは、原因に①②③とナンバリングをして、それに
1対1で対応するように、再発防止策にも①②③とナンバリングし
ている文章です。

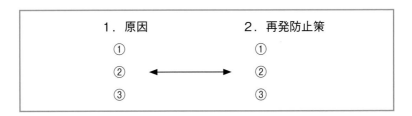

　ところが、よくあるのが原因は①②③とあるのに、再発防止策は
①②しかない文章です。標題だけを見ると、原因③に対する再発防
止策が抜け落ちているように思えます。
　書き手にその場で尋ねると、原因①②に対する再発防止策は①に
まとめられており、原因③に対する再発防止策は②である、という
ような説明を受けます。
　書き手にしてみれば、「読めばわかるだろう」と思うかもしれま
せん。しかし、そんな複雑な構成が即座にわかるのは、書いた本人

98

だけです。

　読み手は、原因①に対する再発防止策、原因②に対する再発防止策、原因③に対する再発防止策というように、原因に1対1で対応する再発防止策が書かれていることを予測します。

　こんな具合です。

原文▶

```
　　　1．原因
　　　　①　手順書がない
　　　　②　各自ばらばらにやっている
　　　2．再発防止策
　　　　①　全員が手順書にしたがってやる
```

改善▶

```
　　　1．原因
　　　　①　手順書がない
　　　　②　各自ばらばらにやっている
　　　2．再発防止策
　　　　①　手順書を作る
　　　　②　全員が手順書にしたがってやる
```

　「なんだ、同じことではないか」と思われるかもしれません。しかし、読む側にとってはまったく違います。

　読み手の予測にまっすぐ答えるほうが、読み手は安心し、納得します。説得力があり、読みやすい文章になります。

［ナンバリングを
行間に埋もれさせない］

　ナンバリングと標題だけ字体を変えたり、字を大きくするなどして、読み手の目に止まるように工夫します。

　読み手が文書を一覧したとき、ナンバリングした標題がどこにあるか、一目でわかるようなレイアウトにします。ナンバリングと標題だけ字体を変えたり、文字を大きくしてもいいでしょう。

　理想的なのは、最初にナンバリングと標題が読み手の目に飛び込んでくるようなレイアウトです。これが読み手のウォーミングアップになって、文書の全体をつかみ、理解を深める手助けになります。

原文▶

1．急増する休廃業・解散件数

○○年に経営者による自発的な「休廃業」の件数は1万2764件。

○×年には5万件を超えるとの予測。

2．専門家による廃業支援の余地

清算手続きのスケジュール作成・管理・実行、取引先への説明、

従業員への説明など専門家が支援できる場面が多い。

経営者だけではこれらの手続きは困難。結果として手遅れとなり、

倒産となるケースも相当にある。

廃業を軟着陸させることで、経営者にも残余財産を残せる。

　……

改善▶

⬇

1．急増する休廃業・解散件数

① 　○○年に経営者による自発的な「休廃業」の件数は1万2764

件。 ＊箇条書きには①②を使う（ルール41）

② 　○×年には5万件を超えるとの予測。

2．専門家による廃業支援の余地

① 　清算手続きのスケジュール作成・管理・実行、取引先への説

明、従業員への説明など専門家が支援できる場面が多い。

② 　経営者だけではこれらの手続きは困難。結果として手遅れと

なり、倒産となるケースも相当にある。

③ 　廃業を軟着陸させることで、経営者にも残余財産を残せる。

　……

→ルール41　文頭に「・」や「✓」を使わない（106頁）

ルール
39 | 箇条書きを多用する

> 箇条書きのよいところは、短く的確に内容が整理されるところ（短単）と、余白が生まれるところです。

　ワンセンテンス・マルチテーマの１文は、そのままでは箇条書きになりません。ワンセンテンス・ツーテーマであれば２つの箇条に、スリーテーマであれば３つの箇条になります。

　こうして強制的に箇条書きにすれば、１文をワンセンテンス・ワンテーマに再構成できます。

　書く内容に過不足がないか、よくよく調査・検討しないと、書き手は自信をもって箇条書きにできません。そのための調査・検討が、**よい文章を書く基礎力**につながります。

　仮に抜けている内容があったときは、箇条書きになっているので、読む側も指摘しやすくなります。

　箇条書きは読み手にやさしく、書き手の文章力も磨いてくれるのです。

　下は、所有者に改善の勧告等ができる「特定空家」というものの定義です。長文で余白もなく、見ただけで読む気が萎えます。

■空家等対策の推進に関する特別措置法（空き家法）２条２項

> 　この法律において「特定空家等」とは、そのまま放置すれば倒壊等著しく保安上危険となるおそれのある状態又は著しく衛生上有害

となるおそれのある状態、適切な管理が行われていないことにより著しく景観を損なっている状態その他周辺の生活環境の保全を図るために放置することが不適切である状態にあると認められる空家等をいう。

これを箇条書きにしてみましょう。

改善▶

1．特定空家の定義
以下の1つにあたる場合は「特定空家」とする。
①　そのまま放置すれば倒壊等著しく保安上危険となるおそれがある。
②　著しく衛生上有害となるおそれがある。
③　適切な管理が行われていないことにより著しく景観を損なっている。
④　その他周辺の生活環境の保全を図るために放置することが不適切である。

法律的には厳格な文章とは言えませんが、読みやすさという点では、はるかに優れています。契約書のような法律行為に関わる文書は別にして、通常のビジネス文書であれば、この程度の簡略化は許容範囲でしょう。

ちなみに、④はいわゆる**バスケット条項**です。①から③には直接当てはまらないが、「特定空家」とすべき事例にぶつかったときに、この条項をバスケット（かご）としてその中に事例を入れて適用します。ルール策定上のよくあるテクニックの1つです。

複雑な構成を単純化する

　　複雑な構成の文章を箇条書きにするときは、構成自体も見直します。そして、できるだけ単純な構成に直します。

　ワンセンテンス・マルチテーマの文章は、箇条書きにすることで、各１文がワンセンテンス・ワンテーマのわかりやすい文章にすることができます。

　ですが、構成が複雑な文章は、そのまま箇条書きにすると、下のようになってしまいます。

原文▶

> （1）　経営管理資料の請求権限は、
>
> 　　①　事務処理をする部門への資料の閲覧の請求
>
> 　　②　経営企画部に対する経営企画原案のフォーマットの請求
>
> 　　③　内部監査部門への監査報告書の閲覧の請求
>
> 　　④　会計監査人への事情聴取の機会の請求
>
> 　については、常務執行役員以上の役員であれば誰でもできることとし、
>
> （2）　他方で
>
> 　上記、③と④については、担当部署等への直接請求ではなく、常勤監査役を通じて、その請求をすることとする。

　これを単純な構成に直すと、次のようになります。

改善▶

---

(1)　経営管理資料の請求権限（常務執行役員以上の役員）

　①　事務処理をする部門への資料の閲覧の請求

　②　経営企画部に対する経営企画原案のフォーマットの請求

　③　内部監査部門への監査報告書の閲覧の請求

　④　会計監査人への事情聴取の機会の請求

(2)　上記(1)のうち、常勤監査役を通じて請求するもの

　③　内部監査部門への監査報告書の閲覧の請求

　④　会計監査人への事情聴取の機会の請求

　ビジネス文書においても、複雑な構成の文章を好む「書き手」がいます。おそらく、複雑な構成で書かれた文章に対して、どこか洗練された印象をもっているのでしょう。

　しかし、読み手にとっては迷惑なだけです。文章の内容を理解するだけでなく、その複雑な構成を理解する作業まで強制されるのですから。

　ビジネス文書において、複雑な構成の文章を書くことは、読み手に対して不親切な行為でしかありません。

ルール 41 ［文頭に「・」や「✓」を使わない（①②を使う）］

　　箇条書きにするとき、文の頭に「・」や「✓」を使うことは避けます。①②を使います。

　黙読されるだけの文書であれば、「・」や「✓」を使っても、それほど問題はないでしょう。

　しかし、音読されるプレゼンテーション資料や、部分的に音読される可能性のある会議資料では、箇条書きの頭に「・」や「✓」を使うのは避けましょう。箇条の個数が多い場合はなおさらです。

　理由は、音読するときに困るからです。

　箇条書きの行頭に「・」や「✓」を使っていると、箇条書きの部分について出席者が質問しようとすると、「4つ目のポチの……」とか言うことになります。

　また、発表者が箇条書きの一部を取り出して説明しようとすると、「下から3つ目のポチにありますように……」などと、間の抜けた言い方になります。

　最悪なのは、それを聞いている出席者らが、上から4つ目や、下から3つ目を数えなければならないことです。

　読み手に余計な負担を与えないのが、親切でよいビジネス文章です。箇条書きの頭には「・」や「✓」ではなく、①②③や㋐㋑㋒、ａｂｃを使うことをおすすめします。

「書けない原因」があるときの裏ワザ

ややずるいテクニックをご紹介します。

何かトラブルが起きた原因として、

① 手順書が不完全である

② 手順書にしたがってやることが慣行となっていない

③ 担当者が操作の際、二日酔いで注意力が散漫になっていた

これが、真実だったとしましょう。この報告書を書く上司は、③についての再発防止策を書けるでしょうか。

担当者を口頭で注意することはあっても、経営会議資料のような正式な文書に書くのは、はばかられるのではないでしょうか。また、社内での懲罰にかかる手続きを踏まずに、このような失態があったと書くことはできません。

仮に書くとして、再発防止策に「飲みすぎに注意する」とか「操作の前日には禁酒する」とかを掲げるのでしょうか。いずれにせよ書けない再発防止策です。

このように書けない再発防止策しかない場合は、「それに対応する原因をあげてはいけない」という発想もできます。

そこで、知恵のある書き手は、先に実行可能な再発防止策を列挙して、それが必要となる原因を後づけで考えます。

ただし、いつもこれをやっていると、文章としての完成度は高まりますが、会社としての再発防止策は半端なものになってしまうリスクがあります。

原文▶

1　急増する休廃業・解散件数　＊ナンバリングを行間に埋もれさせない(ルール38)

・○○年の休廃業・解散件数は、全国で2万3634件、そのうち、経営者が自発的に経営や事業をたたむ「休廃業」の件数は1万2764件。現在も増加傾向にあり、○×年には5万件を超えるとの予測もある。

・後継者不在の中、代表者の高齢化により事業継続が困難となったケースが多い。　＊背景が長い…問題のない部分は短く(ルール16)

・都道府県別の件数では、○○年は、「東京都」は2582件、総じて企業数の多い大都市圏で件数が多く発生している傾向に変化はない。

・他方で、○○年の倒産件数は8354件。

＊文頭に「・」や「✓」を使わない(ルール41)

2　廃業支援の余地　↓標題と記述内容をあわせる(ルール32)

・清算手続きは会社法に定められた手続きに沿って行う。

・取引先との契約解消、従業員の解雇など、やり方によっては法的トラブルになる場合あり。

・清算手続きのスケジュール作成・管理・実行、取引先への説明、従業員への説明、など専門家が支援できる場面が多い。

・経営者だけではこれらの手続きは困難、結果として手遅れとなり、倒産となるケースも相当にある。

・廃業に至るまでを軟着陸させることで、経営者にも残余財産を残せる。

・経営者としては、メインバンクには相談しづらい。また、廃業に精通しているとは限らない。やはり結果として手遅れに。

3　営業方法

⑴企業データベースから一定の要件に合致する「廃業予備軍」を抽出。

⑵⑴で抽出した廃業予備軍を、セミナーあるいはホームページへ誘引。

〔設定〕あなたは専門家として、中小企業の廃業を支援する事業モデルを提案しようとしています。

改善▶

1．**急増する休廃業・解散件数**
① 〇〇年に経営者による自発的な「休廃業」の件数は1万2764件。
② 〇×年には5万件を超えるとの予測。

2．**専門家による廃業支援の余地** ＊本質に関わる部分を厚く書く（ルール54、55）
① 清算手続きのスケジュール作成・管理・実行、取引先への説明、従業員への説明など専門家が支援できる場面が多い。
② 経営者だけではこれらの手続きは困難。結果として手遅れとなり、倒産となるケースも相当にある。
③ 廃業を軟着陸させることで、経営者にも残余財産を残せる。

3．**営業内容（検討中）** ＊標題間の整合性を取る（ルール36）
(1)方法
① 企業データベースを購入して、要件に当てはまる「廃業予備軍」を抽出。1社あたり数千円。総費用は「廃業予備軍」を何社抽出するかによる。
② ①で抽出した「廃業予備軍」をセミナーあるいはホームページへ誘引。
(2)スケジュール ＊「方法」には「スケジュール」が不可欠（ルール57）
① データベース購入の要件確定：1か月
② セミナー内容確定：1か月
③ セミナー実施：2か月後
④ ＨＰ案内掲載：1か月
なお、①～④は並行して作業可。

以上

→ルール54～55 （144頁）、ルール57 （148頁）

Part4のまとめ

①ナンバリングは、必ずルールどおりに行う。

②読み手はナンバリングを手がかりに予測し、確認することで、内容への理解が深まる。

③ルールを守らないナンバリングは、読み手の予測を裏切り、内容を理解しにくくする。

④ナンバリングに標題をつけることで、読み手はさらに書かれている内容を予測しやすくなる。

⑤ナンバリングと標題を目立たせる。それらを見るだけで、文書全体の構成がわかるようにする。

⑥標題と記述内容の整合性を取る。整合性がない文章は、書き手の論理性を疑われる。

　ナンバリングと標題は、読み手にとって、いわば登山ルートを示す地図のようなものです。文書全体の概観をつかみ、とくに集中して読むべきところを直感的に予測させます。

　逆に、読み手の予測を裏切ってしまうと、論理的でない文章であるとの烙印を押されることになります。

　文章を書き始める前に、ナンバリングと標題で、全体の構成をしっかり検討することが大事です。

Part5

「句読点」の基本

適度に、適切な箇所に打つ

文の終わりには
句点（。）をつける

　句点は、「ここで文が終わった」という印です。文の終わりには、必ず句点をつけます。

　ただし、例外もあります。たとえば、文中に「　」があるときです。

原文▶	新しい社是は「顧客第一主義。」に決定した。
	⬇
改善▶	新しい社是は「顧客第一主義」に決定した。

▶　新しい社是は「顧客第一主義を貫く。」に決定した。

⬇

▶　新しい社是は「顧客第一主義を貫く」に決定した。

▶　アンケートの結果、小社の新社名を「知らない。」と答えた人の割合が４割を超えた。

⬇

▶　アンケートの結果、小社の新社名を「知らない」と答えた人の割合が４割を超えた。

　「　」などで区切られているのが、上のような引用語やごく短い引用文ではなく、次のような文の場合は、判断に迷うところです。

▶ モニター調査で一番多かったのは、「もう少し価格が安ければ、買ってもいい。」という感想だった。

▶ モニター調査で一番多かったのは、「もう少し価格が安ければ、買ってもいい」という感想だった。

▶ 米国拠点（アラスカ州とハワイ州を除く。）はすべて閉鎖されている。

▶ 米国拠点（アラスカ州とハワイ州を除く）はすべて閉鎖されている。

　法律の条文では、カッコ内に句点を打つのが普通です。小学校の国語の授業でも、そのように教えています。
　しかし、新聞や雑誌の記事では、いまや句点を打たないほうが一般的であることも事実です。

　そのビジネス文書の読み手、業界や社内の慣習に配慮して、ケースバイケースで判断すればよいと思います。

句点（。）の欠落はないか

（書き手の姿勢が問われる）

1回でも読み返せば、句点（。）の欠落は発見できます。句点が欠落したままの文章を提出されると、読み手は、書き手の姿勢に不信感を抱きます。

　文の最後に句点を打つ。それすらできていない文章があります。これは、内容以前の問題です。

　そのような文章を読んだら、読み手は、

　「ああ、この書き手は一度も読み返すことなく、書きなぐったままの文書を上司（自分）に提出したのだな……」

　と思うでしょう。

原文▶	テレワークを取り入れる企業が増えてきたしかしテレワークの導入には、労務管理やセキュリティ管理の面で課題が多い。
⬇	
改善▶	テレワークを取り入れる企業が増えてきた。 しかしテレワークの導入には、労務管理やセキュリティ管理の面で課題が多い。

　1回でも読み直せば、句点が欠落していることはわかります。文章を書いたら、必ず、読み手の立場に立って推敲してください。

→ルール 06　読み手の視点で推敲する（27頁）

箇条書きの場合は句点を打たないこともあります。これは各箇条の長さや、書き手の好みによればいいでしょう。

　ただし、句点があったりなかったりするのはいただけません。箇条書きは１文がごく短いことが多いので、この不統一はかなり目立ちます。

　読み手は書き手の姿勢に不信感を抱くと同時に、雑な印象をもちます。

▶ 以下の１つにあたる場合は「特定空家」とする。

①　そのまま放置すれば倒壊等著しく保安上危険となるおそれがある。

②　著しく衛生上有害となるおそれがある。

③　適切な管理が行われていないことにより著しく景観を損なっている

④　その他周辺の生活環境の保全を図るために放置することが不適切である。

　この不統一も、１回読めばすぐに気がつきます。そのちょっとした手間をかけるか否かで、読み手の抱く印象がまったく違ってくるのです。

感性にまかせて 読点（、）を打たない

　読点（、）は、適切な箇所につけましょう。文章が読みやすくなり、意味も伝わりやすくなります。

　ただし、よく考えずに読点を打つと、かえって読みにくくなったり、誤解を生じさせたりします。

　読点（、）は、文が切れる部分につけます。

原文▶	ＡがａになるとＢが、ｂになる。
	⬇
改善▶	Ａがａになると、Ｂがｂになる。

▶　顧客情報については販売会社で商品情報については、製造会社で対応する。

⬇

▶　顧客情報については販売会社で、商品情報については製造会社で対応する。

　また、誤読を防ぐためにつけます。

▶　Ａと同じ部署の女性社員Ｂがパワハラを訴えている。

　　＊「ＡとＢが→パワハラを訴えている」とも、「Ｂが→パワハラを訴えている」
　　とも読める

⬇

▶ Aと、同じ部署の女性社員Ｂが、パワハラを訴えている。

　　＊「AとBが→パワハラを訴えている」

▶ A と同じ部署の女性社員Ｂが、パワハラを訴えている。

　　＊「Bが→パワハラを訴えている」

　接続詞の後につけることで、文の流れをより強調する効果もあります。

▶ テレワークの導入は、会社にとって喫緊の課題だ。しかし導入がなかなか進まない。

⬇

▶ テレワークの導入は、会社にとって喫緊の課題だ。しかし、導入がなかなか進まない。

　ただし、適切でないところに読点を打つと、かえって読みにくくなったり、誤解を生じさせたりするので注意します。

▶ 発売当初の、感触は非常によかったが、売上げは予想したほど伸びなかった。

　　＊「発売当初の→感触」とも「発売当初の→売上げ」とも読める

⬇

▶ 発売当初の感触は非常によかったが、売上げは予想したほど伸びなかった。

読点（、）は2行に
最低1か所はつける

　読点は、適切な頻度でつけましょう。多すぎても、少なすぎても、文章が読みにくくなります。

　1文の中に、読点を打つ数や頻度にはっきりとした決まりはありません。

　しかし、読点がまったくないと、読みにくい文になります。

▶読点がない

> 　顧客情報を全社で一元管理すれば部門間で顧客情報が重複することが防げる。また部門間で同一の顧客情報を活用することが可能になり営業活動の効率化につながる。

　かといって読点が多すぎても、意味をつかみにくい文になってしまいます。

▶読点が多すぎる

> 　顧客情報を全社で、一元管理すれば、部門間で、顧客情報が、重複することが防げる。また、部門間で、同一の顧客情報を活用することが、可能になり、営業活動の効率化につながる。

　目安としては、1文が40字を超えるときは、最低でも1か所は読点を打つといいでしょう。**意味の固まりを意識できるので、文章**

が読みやすくなります。

改善▶

> 　顧客情報を全社で一元管理すれば、部門間で顧客情報が重複する
> ことが防げる。また、部門間で同一の顧客情報を活用することが可
> 能になり、営業活動の効率化につながる。

　違う言い方をすると、読点は文の固まりを示す箇所に打ちます。

　つまり、読点という「形式」にはめることによって、文を読みや
すくするのです。

　読点のもう1つのメリットは、**余白ができる**ことです。読点が適
度にある文章は、読み手の目にやさしい印象になります。

Part
5

「句読点」の基本

文章を早く書くコツ

　「書く」という作業は、作家でもない限り面倒なものです。しかも、ビジネス文書は「締切厳守」が大原則です。限られた時間で、過不足のない内容を書くことが求められます。

　文章を早く書くには、構成を考え、書く内容と順番が決まったら、どんどん書いていくことです。このとき字下げをする必要はありません。句読点も打たなくてかまいません。

　段落くらいは切るかもしれませんが、あまり神経質になることはありません。さらに変換ミスも気にしません（後で読み返せばわかります）。

　読み手は、読み手としての集中力が要求されますが、書き手も書く集中力を要求されます。したがって、「書くぞ！」という気持ちが盛り上がったときには、体裁（字下げや句読点）に気をとられることなく、内容だけに集中して一気に書いていきます。

　これが、文章を早く書くコツです。

　書き終わってから、必要な体裁を整えます。つまり、書く作業と体裁を整える作業を同時にやらないということです。

　人はマルチタスクに慣れていません。作業をシングルタスクにして、1つひとつのタスクを順番にやることが、効率を高めます。

①文章を一気に書く

> テレワークは仕事の生産性向上するメリットが多い生産性の工場は
> 多くの日本企業にとって喫緊の課題である
> しかしテレワークは労務管理やセキュリティ管理の面で課題が多い
> 資金力のない中小企業ではなかなかテレワークが進まない

②体裁（字下げ、句読点など）を整える

> 　テレワークは、仕事の生産性向上するメリットが多い。生産性の
> 工場は、多くの日本企業にとって喫緊の課題である。
> 　しかし、テレワークは、労務管理やセキュリティ管理の面で課題
> が多い。資金力のない中小企業では、なかなかテレワークが進まな
> い。

③推敲する

> 　テレワークには、仕事の生産性が向上するメリットがある。生産
> 性の向上は、多くの日本企業にとって喫緊の課題である。
> 　しかし、テレワークの導入には、労務管理やセキュリティ管理の
> 面で課題が多い。とくに資金力のない中小企業では、導入にかかる
> コストが障害となって、なかなかテレワークが進まない。

Part5のまとめ

①文の終わりには、句点（。）を打つ。

②句点の欠落は、読み直せばわかる。提出された文書に句点の欠落を見つけた読み手は、書き手の姿勢を疑う。

③読点（、）は40字に1か所ぐらいをメドに、文の切れ目につける。

④読点は、読み手に意味の固まりを意識させる。

⑤読点には余白を作る効果がある。

⑥適切でない箇所に打たれた読点は、かえって読み手の誤読を誘う。

　　文の切れ目には読点を打ちます。文の終わりには句点を打ちます。

　　句読点は、文章を読みやすくするための工夫です。英語にもピリオドとカンマがあるように、読み手に配慮した、そうした工夫は万国共通なのでしょう。

　　そのように考えると、句読点が適切に使われていないビジネス文章は、読み手への配慮に欠けていると言えます。

Part **6**

「接続語」の基本

1文を短くし、次の展開を予測させる

安易に「が」を使わない

（1文が長くなる）

「が」を使うと、文と文を自然につなぐことができます。だからといって安易に使うと、いたずらに長い1文になってしまいます。

「……が」の「が」には、文と文をしっくりつないでくれる便利な機能があります。

この機能を使って、複数の文をつないでいる文章がよくあります。そして、そのうちの多くは、「が」でつながずに2つの文に分けても、何ら意味の変わらない文章です。

原文▶ 当初はさほど期待されていないプロジェクトだった**が**、いまでは有望な新規事業の1つである。

⬇

改善▶ 当初はさほど期待されていないプロジェクトだった**。**いまでは有望な新規事業の1つである。

▶ 当初はさほど期待されていないプロジェクトだった**。それが、**いまでは有望な新規事業の1つである。

▶ 有期契約の労働者は、原則として契約期間を過ぎれば自動的に労働契約が終了する**が**、3回以上労働契約を更新している労働者や1年を超えて継続勤務している労働者は、自動的に労働契約は終了しない。

　　　　　　　　↓

▶ 　有期契約の労働者は、原則として契約期間を過ぎれば自動的に
　　労働契約が終了する。3回以上労働契約を更新している労働者
　　や1年を超えて継続勤務している労働者は、自動的に労働契約
　　は終了しない。

▶ 　有期契約の労働者は、原則として契約期間を過ぎれば自動的に
　　労働契約が終了する。しかし、3回以上労働契約を更新してい
　　る労働者や1年を超えて継続勤務している労働者は、自動的に
　　労働契約は終了しない。

　「が」は多義的な助詞ですが、文と文をつなぐ接続助詞として使
うときには、2つの働きがあります。

---

① 　単純な接続　例：青信号ですが、渡りますか。
② 　逆接の接続　例：あいにくの天候ですが、試合を決行します。

　ビジネス文章においては、②逆接の「が」として使われているこ
とが多く、これによって1文がいたずらに長くなっているケースが
あります。

Part
6
「接続語」の基本

ルール 47 長い文を短くしてつなぐ

「しかし」「ただし」「また」

　情報量の豊富な人ほど、ワンセンテンス・ツーテーマ、ワンセンテンス・マルチテーマの文を書きがちです。

　そうした場合は、まず、長い文を書いてしまいます。推敲する段階で文を短く分け、接続語を使ってつなぎ直します。

　ビジネス文章は、ワンセンテンス・ワンテーマを意識して書くことが鉄則です。

ルール 47 長い文を短くしてつなぐ

「しかし」「ただし」「また」

　情報量の豊富な人ほど、ワンセンテンス・ツーテーマ、ワンセンテンス・マルチテーマの文を書きがちです。

　そうした場合は、まず、長い文を書いてしまいます。推敲する段階で文を短く分け、接続語を使ってつなぎ直します。

　ビジネス文章は、ワンセンテンス・ワンテーマを意識して書くことが鉄則です。

→ルール19　ワンセンテンス・ワンテーマを意識する（55頁）

　しかし現実には、「が」のような接続語を使って文をつなぎ、2つ以上のことを1つの文にまとめて書いているビジネス文章のほうが多いぐらいです。

　その理由は、書き手の知識が豊富だからです。原則と例外、否定したい他説と主張したい自説が同時に頭に浮かぶので、それらをすべて一緒に書いてしまわずにはいられないのです。

　そのような場合は、まず、長い文を書いてしまいます。次の推敲する段階で文を分け、下のような接続語を使ってつなぎ直します。

　　　「ただし・もっとも・なお」…例外を説明する
　　　「しかし・けれども」…………前文を否定する
　　　「だから・そこで」……………前文を受ける（順接）
　　　「また・ならびに」……………同列に並べる（並列）

■「ただし」「もっとも」「なお」（例外を説明する）

原文▶ 有期契約の労働者は、契約期間を過ぎれば自動的に労働契約が終了するが、３回以上労働契約を更新している労働者等の労働契約は、自動的には終了しない。

⬇

改善▶ 有期契約の労働者は、契約期間を過ぎれば自動的に労働契約が終了する。ただし、３回以上労働契約を更新している労働者等の労働契約は、自動的には終了しない。

▶ 句点（。）が欠落している文章は、締まりのない印象を読み手に与えるが、読みやすさへの影響はまったくない。

⬇

▶ 句点（。）が欠落している文章は、締まりのない印象を読み手に与える。もっとも、読みやすさへの影響はまったくない。

▶ ４月１日からテレワーク勤務を実施するが、部長職以上は対象から外れる。

⬇

▶ ４月１日からテレワーク勤務を実施する。なお、部長職以上は対象から外れる。

■「しかし」「けれども」（前文の否定）

▶ テレワークには、オフィススペースの削減や通勤費の削減といったメリットのあることがわかったが、労務管理の難しさや情報漏洩リスクが高まるなど課題も多い。

⬇

▶ テレワークには、オフィススペースの削減や通勤費の削減といったメリットのあることがわかった。しかし、労務管理の難しさや情報漏洩リスクが高まるなど課題も多い。

▶ ビジネス文章は、ワンセンテンス・ワンテーマを意識して書くことが鉄則だが、実際には2つ以上のことを1文にまとめて書いている文章が多い。

⬇

▶ ビジネス文章は、ワンセンテンス・ワンテーマを意識して書くことが鉄則だ。けれども、実際には2つ以上のことを1文にまとめて書いている文章が多い。

■「だから」「また」（順接・並列）

▶ 稟議書の読み手はその稟議事項の決裁者であるから、基本的には内容がある程度専門的でも、特別な説明をする必要はなく、前振りなくずばり本論に入っても内容が理解できない、あるいは誤解してしまう、ということはないだろう。

⬇

▶ 稟議書の読み手は、その稟議事項の決裁者である。だから、基本的には内容がある程度専門的でも、特別な説明をする必要はない。また、前振りなくずばり本論に入っても内容が理解できない、あるいは誤解してしまう、ということはないだろう。

「接続語」は1文を長くも短くもする

　接続語は、前後の文と文、文節と文節がどのような関係にあるかを示す働きのある言葉です。

　「しかし」「ただし」のように、長い1文を2つに分けてつなぐ接続詞や、複数の文を1文につなぐ機能のある「が」「ので」といった接続助詞をともなう語も、接続語の仲間です。

　ビジネス文章においては、接続語の1文を2つに分けてつなぐ機能をうまく使うことで、1文の短い、論理的な文章を書くことができます。

　なお、本書では厳密には接続語ではないものも含めて、1文と1文を論理的につなぐ機能をもつ言葉を広く「接続語」として掲げています。

■ビジネス文章で役に立つ主な接続語

比較するとき	これに対して・他方・それとは異なり・同様に
例外を示すとき	しかし・ただし
自説を主張するとき	しかし・そこで
結論を述べるとき	よって・したがって・以上により・具体的には
事実を説明するとき	具体的には

ルール 48 次の展開を予測させる

接続語には、その後に続く1文に何が書いてあるかを読み手に予測させる機能があります。

接続語が適切に使われていると、読み手は接続語をたどるだけで、その文章の論理の展開がわかります。また、接続語を手がかりにして、次に書いてある文の内容を予測することができます。

「したがって」という接続語があれば、次に結論がくることを予測できます。

「しかし」や「ただし」という接続語があれば、次に例外がくることが予測できます。あるいは、前文の内容を否定した書き手の主張が書かれていると予測できます。

読み手に予測させることは、優れたビジネス文章を書くための重要なキーワードの1つです。

ところが、接続語を効果的に使っているビジネス文章は、あまり多くないというのが筆者の率直な感想です。意識して多めに使うぐらいで、ちょうどいいでしょう。

「1文が短い」
「読み手に予測させる」

こうしたビジネス文章を書くために、接続語を上手に使うことを心がけてください。

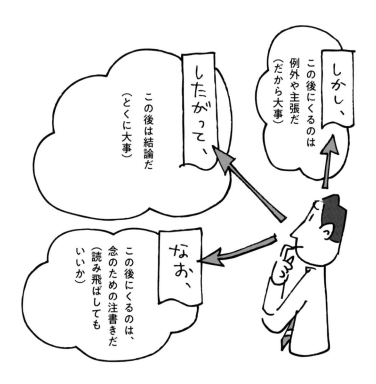

ルール49 できるだけ平仮名にする

(接続語であることが一目瞭然でわかる)

接続語はできるだけ平仮名で書きます。平仮名で書いてあると、接続語であることがわかりやすいからです。

接続語は、文章の論理展開を予測する手がかりです。ですから、読み手が文章を眺めたとき、どこに、どんな接続語があるのか、一目でわかったほうが親切です。

たいていのビジネス文章では、漢字が多用されます。そこで、接続語にはできるだけ平仮名を使います。そのほうが目立つからです。

また、平仮名にすることによって、漢字よりも余白ができるので、見た目にやさしい印象になります。

従って	→	○したがって
例えば	→	○たとえば
確かに	→	○たしかに

ただし、ムリに平仮名にする必要はありません。下の例などは、漢字のほうが自然でしょう。

他方	→	×たほう
逆に	→	×ぎゃくに
同様に	→	×どうように

▶ 子どもの減少で、学習塾は飽和状態にある。従って、子ども以
外をターゲットにした業態に転換する必要がある。

⬇

▶ 子どもの減少で、学習塾は飽和状態にある。したがって、子ど
も以外をターゲットにした業態に転換する必要がある。

▶ テレワークには、コスト削減効果があることがわかってきた。
例えば、都心に広いオフィスを借りる必要がなくなり、社員に
通勤手当を支給する必要もなくなる。

⬇

▶ テレワークには、コスト削減効果があることがわかってきた。
たとえば、都心に広いオフィスを借りる必要がなくなり、社員
に通勤手当を支給する必要もなくなる。

▶ 多くの玩具会社が、廃業に追い込まれている。確かに、子ども
の数が減少し、市場は縮小している。

⬇

▶ 多くの玩具会社が、廃業に追い込まれている。たしかに、子ど
もの数が減少し、市場は縮小している。

Part
6

「接続語」の基本

比較の視点を明らかにする
「これに対して」「他方」「それとは異なり」「同様に」

> 比較検討をするときは、「これに対して」「他方」「それとは異なり」「同様に」を使います。比較する視点をはっきりさせている文章は、よく整理されている印象を与えます。

　新しい提案をしようとするとき、現状との比較を書くことが必要です。

　複数のことを比較検討する文章では、「これに対して」「他方」「それとは異なり」「同様に」などを使って、比較する視点を明らかにします。

　比較する視点とは、具体的には次のようなことです。

「何と何を比較しているか」
「どこを比較しているのか」
「どこが、どのように違うのか」

　新しいことを提案したり、顧客向けにプレゼンテーション資料を作るときなど、従来のやり方と提案内容を比較したり、他社製品と自社製品を比較する文章を書く機会は少なくありません。

　比較する視点がはっきりわかる文章は、よく整理して書かれている印象を読み手に与えます。

原文▶　　価格面でいえば、A社のX製品は1,000円であるが、当社のY製品は950円である。性能面では、X製品にはaという機能がついているが、Y製品にはaという機能はない。X製品にはbという機能がないが、Y製品にはbという機能がついている。

　　X製品は家電量販店での販売がなされているが、Y製品も家電量販店での販売を予定している。

⬇

改善▶　　価格面でいえば、A社のX製品は1,000円である。これに対して当社のY製品は950円である。他方、性能面では、X製品にはaという機能がついている。それとは異なり、Y製品にはaという機能はない。しかし、Y製品にはX製品にはないbという機能がついている。

　　X製品は家電量販店での販売がなされている。同様に、Y製品も家電量販店での販売を予定している。

　接続語を適切に使うことで、読み手は次にくる文を予測し、事実関係を整理しながら読み進めることができます。

接続語で「形式」にはめる

（論理の流れがよくわかる）

　接続語だけを並べて、結論への流れを導きます。文学作品を書くわけではないので、接続語はここに紹介した中のいくつかを使えば十分でしょう。

　「たしかに」→「しかし」→「また」→「よって・したがって・以上により・そこで・具体的には」

　これは、問題提起から結論への思考の流れを示したものです。この接続語の流れにしたがって書けば、説得力のある文章が書けます。

　「たしかに」……他説、現状維持でも構わない

　「しかし」　……その場合の問題点から自説へ

　「また」　　……自説を裏づける客観的事実

　「よって・したがって・以上により・

　　そこで・具体的には」……結論

　「よって・したがって・以上により・そこで・具体的には」は、この順番で、自説から結論への結びつきが論理的に強い、と思ってください。

　論理性が強く、自信が大きければ「よって」を使います。法律文章では「よって書き」と称して、主張の結論をもってくるところです。逆に、そこまでの自信がない場合は「そこで」などを使います。

■たしかに→しかし→また→そこで

　たしかに、商品Xについてその全量を、生産部門以外の者が毎日チェックすれば、品質管理においては十分な商品検査方法である。しかし、商品Xのチェックについては、システムが手当されていないこともあって、全量かつ毎日のチェックの作業負担は膨大である。また、部門以外の者によるチェックは、商品に係る知識を含め、チェックに係るノウハウの移転が必要になる。

　そこで、当面は、生産部門の部内者によるチェックの頻度を現行の毎週から毎日、抜取り件数を現行の10件から100件に増やすことで対応したい。

■たしかに→しかし→したがって

　たしかに、商品Yは我が社を代表するロングセラー商品である。しかし、販売数の減少が止まらず、原価率は7割を超えている。

　したがって、商品Yの生産は今期で終了し、主力商品Zに人員と予算を集中することにする。

① 「が」でつないだ長文は、推敲するときに2つの文に分けられないか検討する。

② 文を2つに分けたら、前後の文の関係を示す接続語を使って文をつなぐ。

③ 接続語には、読み手に次の展開を「予測」させる効果がある。

④ 文中に埋没しないように、できるだけ接続語は平仮名で書く。

⑤ 「これに対して」「他方」「それとは異なり」「同様に」を使うと、比較の視点がわかりやすい。

⑥ 「たしかに」→「しかし」→「また」→「よって・したがって・以上により・そこで・具体的には」で結論に導く。

　接続語は、文字どおり前後の文や文節を接続するものです。長い1文を2つに切り分けて、それぞれの文を短くしてつなぐ機能があります。それだけでなく、次にくる文の内容を予測させる機能もあります。

　接続語を意識的に使って、1文が短く、「読み手に予測させる」文章が書けます。

Part 7

「説得力」の基本

短く、簡潔に、具体的に書こう

議案名は吟味してつける

（できるだけ具体的にする）

　議案名は、読み手が文書の内容を予測する最初のヒントです。よく考えて、**できるだけ具体的にします。**抽象的な議案名では、読み手は文書の内容を予測することができません。

　たとえば、感染症が流行したときの危機管理体制に関する提案書を書くと仮定して、議案名を考えてみましょう。

> 　当社の危機管理について
>
> 　　　あるいは
>
> 　感染症流行時における当社の危機管理について

　こんな議案名が妥当であるような気がします。

　しかし、読み手の立場からすると、これらの議案名は具体的ではありません。

　これから読む文章は、感染症が流行したときの当社における危機管理の現状を報告する内容なのか、もしくは危機管理のあり方を提案する内容なのか？　それとも、現状の危機管理の弱点について分析するものなのだろうか……？

　このように、いろいろな可能性が想像できてしまい、読み手が内容を予測できる議案名になっていません。

▶	当社が入居するビル内で新型感染症の感染者が出た場合の対応
▶	感染流行に伴い急遽テレワークを実施するときの連絡・承認方法

これなら、読み手に予測させることができます。

ところが、議案名と本文の内容があっていない、あるいはずれてしまっている文書がよくあります。そうした文書の書き手は、おそらく議案名を最初に決めたまま、見直していないのでしょう。

書いていくうちに、議案名からずれた内容に記述のウエイトが占められた結果、読み手からすると、予測を裏切られる内容になってしまうものと思われます。心当たりのある方は、文章を書いた後で改めて議案名を見直して、名は体を表しているか確認してください。

ちなみに「〜について」は、どんな場合であっても、議案名として適切ではありません。「〜」について書いてあるのは当然だからです。読み手は何もヒントを得られず、不安を感じます。

もうワンポイント！ 　読み手は「議案名」から何を予測したいか

読み手にとって、議案名はある意味で本文よりも重要です。なぜなら、議案名を見れば、その文書の重要度の予測がつくからです。

自分の担当する仕事からみて、それが細部まで注意深く読むべき文書なのか、読み飛ばしても差しつかえないものなのか、あるいは読まなくてもいいぐらい重要性が低いものなら、読むのを後回しにしてもいいか——なども、議案名から予測することができます。

Part
7

「説得力」の基本

8つの事柄について書く
（事実、定義、趣旨、内容、方法、要件、効果、スケジュール）

「読みやすい文章を書く」のが大事なのは当然ですが、もっと大事なのは、「書くべきことをきっちり書く」ことです。

「何を・どのような順番・どのようなバランスで書くか」は、ビジネス文書の種類や具体的な案件によってそれぞれ違います。

しかし「書くべきこと」は、どのビジネス文書であっても基本的には同じです。

---

①事実

②定義

③趣旨（目的、狙い）

④内容

⑤方法

⑥要件（人、物、金、時間）

⑦効果

⑧スケジュール

必要に応じて、上の8つに加えて背景や経緯を書くこともあります。しかし、それらは本質に関わる部分ではないので、ここではふれません。

ビジネス文書の種類や具体的な案件に応じて、①から⑧の中から必要なものを選んで書いていきます。

たとえば、稟議書や企画書なら①から⑧までのフルセット、報告書なら①事実、④内容、⑤方法、連絡文書なら④内容、⑤方法、⑧スケジュールなどを書きます。

　連絡文書を書くときは、これらを簡潔にＡ４用紙１枚以内にまとめます。それ以上ボリュームがあると、読むのに時間がかかってしまい、必要な情報が迅速に伝わらないリスクがあります。

もうワンポイント！　文章が書ける社員は評価が高まる

　稟議書、提案書、報告書、企画書、プレゼンテーション資料——ビジネス文書にはさまざまな種類があります。そして、種類や具体的な案件によって、求められる内容は違ってきます。

　このビジネス文書には何を書けばいいのか？

　改めてそう問われたとき、即答できる人はかなり優秀な書き手に違いありません。とくに白地に書く（フリースタイルで書く）とき、「何を書くか」「何から書くか」というのは、書き手のもっとも悩むところです。

　入社後からずっと企画畑にいる人は、文章を白地に書いていくことに慣れています。ですので、伝統的企業では上層部の評価が自然に高まり、出世コースに乗りやすい傾向があります。

　８つの中から書くべきことを取捨選択し、重要性にしたがったボリュームを与えて書くことにより、記述漏れや記述の重複が避けられます。メリハリのある、わかりやすく、説得力のある稟議書や提案書が書けるようになるはずです。

①事実、②定義とは

「事実」は、客観的な視点から書きます。「定義」は、本文で使う主要な用語について、この文書においてそれがどういう意味で使われているかを示します。

①**事実**…客観的な事実を書く

「事実」について書くとき、そこに書き手の主観的な評価を加える必要はありません。むしろ、**主観的な評価を加えてはいけません。**客観的な事実だけを書きます。

原文▶ 製造ラインでの異物混入について、責任者は工場長のＡであるが、前任のＢから業務を引き継いだのは、前年の４月である。X商品の検査は工場長であるＡの分掌ではあるが、実務は勤務 20 年のベテランの担当者Ｃが行っていた。
↑不要 ➡

改善▶ 製造ラインでの異物混入について、責任者は工場長のＡである。Ａは前年４月から担当しており、それ以前の責任者は前任工場長のＢである。

---

②**定義**…本文で使う主要な用語の意味を示す

本文で使う主要な用語について、それがどういう意味で使われて

いるかを「定義」します。言葉の意味を定義することで、読み手に
文章の内容を**明確に伝える**ことができます。

……

２．定義

「**顧客**」：ここで「顧客」とは、当社のＷＥＢストアにおいて非対
　　　面で購入する顧客のみを指し、実店舗において対面で購入す
　　　る顧客は除く。

「**ナーチャリング**」：当社のＨＰを訪れてくれた見込み客を、最終
　　　的に当社の商品を購入してくれる顧客に育てていくこと。

……

なかでも専門用語が頻繁に出てくる文書では、文中で使われる主
要な言葉の意味を定義しておくことが大事です。読み手に対する配
慮でもありますが、そもそも言葉の解釈は、全員が同じとは限らな
いからです。

とくに外国語由来の言葉の場合、その意味が明確になっていない
ことがよくあります。

言葉の意味が明確でないと、文脈の中でその言葉をどの意味に解
釈すればよいか、読み手の判断もあやふやになってしまいます。言
葉の意味があやふやでは、その文章が何を言いたいのか、ぼやけた
理解になってしまいます。

余談ですが、最近の法律では、法律の最初のほうに、定義を掲げ
る条文をおくことが多い傾向があります。定義を掲げることにより、
その法律が規定しようとしている内容や範囲が明確になります。

③趣旨（目的、狙い）とは

①で掲げた「事実」について、書き手が主張する変更・対策等を必要とする理由を述べます。それが、「趣旨（目的、狙い）」です。

③趣旨（目的、狙い）…これから主張しようとしていることの趣旨、目的、狙い

ビジネス文書を提出するということは、①事実で掲げたことに関連して、何かしらの変更をしようということです。

なぜ、変更を提案するのか。その「趣旨（目的、狙い）」を書きます。

趣旨、目的、狙いの違いは、後の言葉になるほどより具体的である、ということです。

いずれも文頭は「本提案の趣旨は」「本提案の目的は」「本提案の狙いは」となります。趣旨と狙いの文末はとくに決まった書き方はありませんが、目的であれば、「……のため」とするところでしょう。

> 本提案の趣旨は、……………………………………。
>
> 本提案の目的は、………………………のためである。
>
> 本提案の狙いは、……………………………………。

④内容、⑤方法、⑥要件とは

　「内容」は、この文書で提案しようとしている内容です。「方法」は、提案内容を実現する方法です。方法を実行するために必要となる資源が「要件」になります。

④**内容**…提案・報告等

　「内容」は、この文書で提案しようとしていること、報告しようとしていることなどです。**文書の中心**になるものですから、一番ボリュームをもって記述します。

⑤**方法**…④内容を実現する方法

　④で提案した内容を実現するために、必要となるものを買ってくるのか、借りてくるのか、開発するのか……などを具体的に書きます。内容と同じく、ここも文書の中心的な部分です。

⑥**要件（人、物、金、時間）**…⑤方法を実現するのに必要となる資源

　一般的には、資源のうちでも**金額**が稟議事項として書かれることが多いでしょう。

　もちろん、お金さえ手当てできれば実現できるものではありませんから、次に、そこに投入すべき**人的・物的資源の量と質**を書きます。この部分も、文書の中心的な事項になります。

⑦効果、⑧スケジュールとは

　「効果」は、③趣旨（目的、狙い）に沿って書きます。「スケジュール」は、この文書の④内容（提案等）を実現する工程表です。

⑦**効果**…④内容（提案等）によって何が期待できるか

　「効果」は、④内容（提案等）によって期待できる経済的、あるいはその他**企業の無形価値を高める効果**のことです。

　これは、③趣旨（目的、狙い）に沿った内容になるはずです。というのも、「効果」は趣旨（目的、狙い）に直接関連しているからです。そもそも「効果」がないことであれば、提案する意味はありません。

　「効果」には逆の効果、つまり「リスク」も含まれます。案件によっては、期待するような効果が出ない場合の経済的・時間的損失などについても書く必要があるでしょう。

⑧**スケジュール**…提案を実現するための工程表

　⑤方法には「スケジュール」が必要です。時間の概念がともなわない方法はありえないからです。

　③趣旨（目的、狙い）や④内容（提案等）によっては、時間がかかることで、⑦効果が小さくなるものもあります。そのようなときは、その可能性も書きます。複数の方法・スケジュールを併記して比べてもいいかもしれません。

論点（問題点）と対応策を書く

（論点、意見、理由、例外、課題）

「何を書くか」について、別の視点から整理してみます。何か問題が起きたときに、どのように対応するかを提案する文書を例に、考えてみましょう。

何か問題が起きたとき、書くべき事柄は、次の5つです。

> ①論点（問題点）
> ②論点についての書き手の意見
> ③理由
> ④例外
> ⑤課題

①論点（問題点）を掲げる

この問題について議論されるべき点、意見が分かれるのが予想されることを「論点（問題点）」として掲げます。

法律家の世界でいうと、論点とは原告と被告が争っている点、つまり**評価が分かれている点**です。法律はあるが、その解釈についてさまざまな議論や意見があって、その解釈が定まっていない点などを指します。

②論点についての意見（結論）を述べる

①で掲げた論点について、分かれている意見のうち書き手が採用する意見、もしくは書き手独自の意見を書きます。

この文書において、書き手が「結論」として主張する意見を掲げます。

③理由を書く

②で掲げた意見が妥当であると考える「理由」を書きます。

このとき、理由は**２つの視点**から書きます。

１つ目は必要性からくる理由（それが必要である理由）、２つ目は許容性からくる理由（それが許される理由）です。

→ルール59　２つの視点から「理由」を書く（160頁）

説得力のないビジネス文章は、たいてい１つ目の視点（必要性からくる理由）だけに終始しています。②で掲げた意見を説得力のあるものにするには、２つ目の**許容性からくる理由**を書くことが重要だということを覚えておいてください。

→ルール61　「許容性」から理由を考える（164頁）

④例外あるいは⑤課題をあげる（予防線を張る）

②で掲げた書き手の意見やアイディアが、すべてのケースに当てはまるとは限りません。そもそも社会状況が刻々と変化する中で、100％完璧な対処方法というのはありえません。

そこで、「例外」についてもあらかじめ書いておきます。そうやって、想定される批判や指摘に対して予防線を張ります。

さらに、将来に向けての「課題」、あるいは例外を小さくするための「課題」を書けば、これも予防線になります。

■例外、課題をあげて予防線を張る

……

この方法で、生産ラインで発生する過誤については、対処できる。しかし、生産ラインに至るまでの外部調達部品のチェックはこの方法では対処できない。(例外)

また、この方法は現在の生産量においては有効であり、追加的なコストも発生しない。しかし、生産量が現在の2倍以上になったら、管理者の増員ないし、管理の機械化が必要になる。(課題)

原文 ▶ ①事実、②定義

契約事務の合理化について

＊議案名は吟味してつける（ルール52）

１．電子契約状況　＊ナンバリングを行間に埋もれさせない（ルール38）

日本では、従来から現物の文書にハンコを押すことで、正式な契約書となり、契約書そのものを保管することが通例であった。しかし、ハンコがないと契約できないとすると、……（中略）……という手間が必要になっている。この手続きないし手間が、コロナ禍によってクローズアップされてきた。すなわち……（中略）……非効率であるということが認識された。その中、ハンコを押すことなく、パソコンを通じて電子的に署名する仕組みが注目され、現在では上場企業の約半数が部分的に導入済であり、4分の1が導入検討中とのことである。

＊字下げをする（ルール26）、問題のない部分は短く（ルール16）

２．定義

(1)「電子証明書型」

　両契約当事者が、事前に「電子証明書」を取得した上で、電子署名。

(2)「メール認証型」　＊できるだけ短くまとめる（ルール10）

　「立会人」となるソフト提供会社が両契約当事者をメールアドレスで本人であることを確認。　↓定義ではない…標題と記述内容をあわせる（ルール32）

　当事者の一方がメール認証型ソフトを導入していれば、相手方の準備・コストは不要。　↑固有名詞には「　」をつける（ルール65）↓

　導入コスト、導入の容易性からメール認証型がこれまで普及の中心であり、「メール認証型」の証拠力について、法務省が肯定的判断をしたことにより、普及が加速すると思われる。

→ルール65　固有名詞は正確に引用する（175頁）

〔設定〕あなたは、会社が電子契約（ハンコなし契約）を導入するにあたり、検討すべき事項を整理して報告するように求められました。

改善 ▶ ①事実、②定義

電子契約導入における課題整理

1．電子契約状況

上場企業の約半数が部分的に導入済。4分の1が導入検討中。

新型コロナウイルスに伴う在宅勤務の拡大で利用検討が加速。

2．定義

(1)「電子証明書型」

両契約当事者が、事前に「電子証明書」を取得した上で、電子署名。

(2)「メール認証型」

「立会人」となるソフト提供会社が両契約当事者をメールアドレスで本人であることを確認。

3．比較

当事者の一方が「メール認証型」ソフトを導入していれば、相手方の準備は不要。

導入の容易性から「メール認証型」がこれまで普及の中心。「メール認証型」の証拠力について、法務省が肯定的判断をしたことにより、さらに普及が加速すると思われる。

　　↑

「電子証明書型」についても記述する

…比較するときは共通点も書く（ルール72）

→ルール72　比較するときは共通点も書く（193頁）

3．目的

(1)在宅　　　　　　　　　　　　　　　↓句点（。）の欠落はないか（ルール43）

在宅勤務下での契約締結を可能にするため＿

(2)契約にかかるコスト

契約締結コスト（作成、印刷、製本、押印、郵送、返送）を削減するため＿

契約書管理コスト（ファイリング、保管、保存）を削減するため＿

(3)印紙税の削減　←主要目的ではないので、削除も可…書かない勇気をもつ（ルール14）

4．導入方法

(1)ソフトの選定　↓表にするべき…図表を多用する（ルール73）

Aは、電子証明に対応しているが、メール認証には対応していない。費用は月額３万円である。

Bは電子認証とメール認証に対応している他、紙契約書の電子化にも対応しているが、費用は月額５万円と非常に高額である。

　　　　　　　　　　　　　↑主観的表現を使わない（ルール70）

Cは、電子証明には対応しておらず、メール認証にのみ対応している。紙契約書の電子化にも対応している。費用は１万円でありもっとも安い。

ＡＢＣともに他システムとの連携ができる。以上を総合判断すると、電子証明機能は不要であり、コストが10,000円と安いので、Cが有力である＿

＊単位を統一する（ルール77）　　　　　　句点（。）の欠落はないか（ルール43）↑

(2)社内体制の整備

①契約締結までのフロー（代表者→契約担当者への権限委任）

②契約締結後のフロー（保管、保存、検索性）

③既存紙契約書の管理のフロー（別管理かソフトへコピーするか）

④規程の整備

→ルール70　NGワード③「極めて」「非常に」「しっかり」（189頁）
→ルール77　単位を統一する（202頁）

３．目的

⑴在宅

　　在宅勤務下での契約締結を可能にするため。

⑵契約にかかるコスト

　　契約締結コスト（作成、印刷、製本、押印、郵送、返送）を削減するため。

　　契約書管理コスト（ファイリング、保管、保存）を削減するため。

４．導入方法

⑴ソフトの選定（ソフト比較表）　＊該当箇所を目立たせる（ルール75）

ソフト	電子証明	メール認証	紙電子化	他システム連携	費用月額円
A	○	×	×	○	30,000
B	○	○	○	○	50,000
C	×	○	○	○	10,000

　　Cが有力。電子証明機能は不要。コストが 10,000 円と安い。

⑵社内体制の整備

　①契約締結までのフロー（代表者→契約担当者への権限委任）の整備。

　②契約締結後のフロー（保管、保存、検索性）の整備。

　③既存紙契約書の管理のフロー（別管理かソフトへコピーするか）の整備。

　④上記規程の整備。

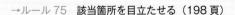

→ルール 75　該当箇所を目立たせる（198 頁）

５．費用

①ソフト利用料：月額 10,000 円

②運営：契約書１通当たりの通信料 100 円

６．留意点　　＊課題をあげて予防線を張る…論点(問題点)と対応策を書く(ルール58)

(1)契約類型　　　　　　　　↓「等」の内容は？(ルール69)、安易に「が」を使わない(ルール46)

基本契約、継続的契約等には向かないとされるが、これらの契約において
は成立まで長期交渉がなされるから契約当事者の本人性や意思が問題には
ならないとの契約当事者レベルでは異論もあり（、）どのような契約類型に
電子契約を導入するのかについては、当社における実際の契約を分類した
上、慎重に検討して決定する必要がある。　　＊１文は80字を目安に(ルール18)

＊字下げをする(ルール26)　　　　　　　＊読点(、)は２行に最低１か所はつける
　　　　　　　　　　　　　　　　　　　　　　（ルール45）

(2)印紙税　←重要性が低いので不要…書かない勇気をもつ(ルール14)

当社では印紙税貼付書類が少ないので、印紙税節約効果は薄い。

(3)契約相手方

相手方が同意しなければできない。中小下請けは抵抗感があるかもしれな
い。逆に、上場大企業相手方が「電子証明書型」を要求してきても応えら
れない。

→ルール 69　NG ワード② 「高度化」「効率化」「等」（186 頁）

156

５．費用（Ｃを導入した場合）

①ソフト利用料：月額 10,000 円

②運営：契約書 1 通当たりの通信料 100 円

６．留意点

⑴契約類型

①当面、個別契約のみ。基本契約、継続的契約には使用しない（従来通りハンコ契約）。

②その後、全面的に移行することを検討。

⑵契約相手方

相手方が同意しなければできない。中小下請けは抵抗感があるかもしれない。逆に、上場大企業相手方が「電子証明書型」を要求してきても応えられない。

Part
7

「説得力」の基本

７．効果

(1)経済的効果（契約書１通当たり費用概算）↓図表を多用する(ルール73)

現状、１件当たりの契約締結コストとして、郵送（返送）料として800円、人件費（印刷、製本、発送等）として3,000円かかっている。また、契約書管理コストとして、人件費500円、保管料として100円かかっている。Ｃを導入した場合、これらが、月額１万円と１件当たり100円に代替されることになる。契約件数は月平均50件である。

とすると、現状コストは、4,400円×50＝22万円。対して導入後は、15,000円（１万円＋100円×50）となる。差額は、205,000円となる。

↓ナンバリングには標題をつける(ルール31)

(2)その他の効果として、契約相手先（取引先）側の契約コストの削減、デジタル化に熱心な企業であるとの評判がとれることなどがあげられよう。

８．スケジュール案

ＸＸ年１月タスクフォースの組成、タスクフォースによる詳細検討

ＸＸ年３月稟議

ＸＸ年４月タスクフォースによる試用

ＸＸ年５月社員教育

ＸＸ年６月導入

以上

→ルール73　図表を多用する（194頁）

７．効果

(1)経済的効果

現状費用内訳 （1件当たり）	郵送（返送）料	人件費 （印刷、製本、発送等）	保管料
契約締結	800円	3,000円	－
契約書管理	－	500円	100円

既存コスト（月）	220千円	（800＋3,000＋500＋100）円×50件（月）
電子契約による コスト（月）	15千円	10,000円＋100円×50件（月）

(2)その他の効果

　①契約相手先（取引先）側の契約コストの削減。

　②デジタル化に熱心な企業であるとの評判。

８．スケジュール案

　　ＸＸ年１月タスクフォースの組成、タスクフォースによる詳細検討

　　ＸＸ年３月稟議

　　ＸＸ年４月タスクフォースによる試用

　　ＸＸ年５月社員教育

　　ＸＸ年６月導入

　　　　　　　　　　　　　　　　　　　　　　　　　　　以上

Part
7
「説得力」の基本

2つの視点から「理由」を書く
（必要性と許容性）

　何かを提案しようとするときは、2つの視点からその理由を考えます。そして、その2つの視点から、その提案が有効である理由を書きます。

　2つの視点から考えた理由が論理的であればあるほど、提案自体に説得力があり、優れたビジネス文書になります。

　その2つとは、**必要性**と**許容性**です。

視点その1　必要性…そのことが必要である理由

　1つ目の必要性とは、まさしく「そのことが必要である」理由です。

　営利企業であれば、最終的には「金が儲かる」ことです。

　なぜ、その新サービスを始めるのか？
　理由は、金が儲かるから。

　この「金が儲かるから」が必要性による理由の根幹です。
　NPOのような公益団体であれば、「公益に資するから」が必要性からくる理由になります。

視点その2　許容性…そのことが許される理由

　2つ目の許容性とは「そのことが許される」ことです。究極的には「違法ではない」ということです。

　いくら儲かっても、企業として違法なものを製造販売することはできません。

　この新サービスは、国内で行われたことがない。
　しかし、違法ではない。

　この「違法ではない」ことが、許容性からくる理由の根幹になります。

視点その1　必要性…この新サービスは、金が儲かる
　　　　　　　　　　この新サービスは、公益に資する
視点その2　許容性…この新サービスは、社会的に許される
　　　　　　　　　　この新サービスは、違法ではない

「必要性」から理由を考える
（金が儲かる・公共の利益に資する）

　必要性からくる理由を考えることは、さほど難しくありません。それが企業の利益にかなう（金が儲かる）、あるいは公共の利益に資する理由を書けばいいのです。

　たとえば、新型感染症の拡大を防ぐ対策として、接客業の営業が夜 10 時までに規制されているとします。ただし、自治体に申し立ててそれが受理されれば、夜 10 時以降の営業も許されるとします。
　そこで接客業の大手チェーンでは、申し立てをすることを念頭に、社内の企画担当者に稟議書を書くことを命じます。
　夜 10 時以降の営業を認めてもらうためには、どのような理由を書けばいいでしょうか。

視点その1　必要性からくる理由
当社は、夜 10 時以降も営業する必要がある。

　必要性からくる理由を考えることは、簡単です。夜 10 時以降に営業しないことによって生じる損害から、夜 10 時以降も営業する必要性を考えます。

■夜10時以降に営業しないことによって生じる損害

・夜 10 時以降こそ顧客がくるゴールデンタイムである。この時間帯を逃せば、大幅な減収となる。

・夜10時までしか営業できなければ、利益どころか、人件費分だけ赤字になる。

↓

当社は、夜10時以降も営業する必要がある。

■必要性からくる理由（＝企業の利益にかなう）

・夜10時以降にくる客のほうが多い。
・夜10時以降も営業するほうが金が儲かる。
・従業員に仕事を与えられる。
・従業員を解雇しないですむ。

さらに、当社が夜10時以降に営業することによって地域社会に貢献できる、ということが書ければ100点満点でしょう。

■必要性からくる理由（＝公共の利益に資する）

・夜10時以降に営業している店があるほうが治安上もよい。

問題となるのは、**許容性からくる理由**です。

極端なことを言えば、申し立てを受理する自治体としては、必要性からくる理由づけにはほとんど興味はありません。許容性からくる理由に注目して、審査をすることになるでしょう。

Part
7

「説得力」の基本

「許容性」から理由を考える
（原則の趣旨に反しない）

許容性からくる理由を考えることは、思考の技術でもあります。説得力のある理由を考えられたときには、提案を実現するために必要な資源や方法までもが、すでに具体化しているはずです。

許容性からくる理由はどのようにして考えればいいでしょうか？

これはつまり、「当社は、夜10時以降も営業を継続していても大丈夫だ（許される）」という理由を考えることです。

視点その2　許容性からくる理由

当社は夜10時以降も営業を継続しても、社会的に許される。

まず、自治体が「原則として夜10時以降の営業を禁止する」という規制を打ち出した**趣旨**を考えます。

この規制の趣旨は、「新型感染症の感染を予防する。とりわけ接客業店を感染のエピセンター（震源地）にしない」ことです。

■規制の趣旨

> 感染拡大のエピセンター（震源地）となりやすい接客業店の営業時間を夜10時までに規制することで、新型感染症の感染拡大を予防する。

とすれば、当社チェーン店では、夜10時以降に営業をしていて

もエピセンターにはならない、少なくともエピセンターになる可能性を極力排除した営業をする、という理由が必要になります。

■許容性からくる理由

> 当社は夜10時以降営業を継続しても、感染症を拡大させない。なぜなら、感染予防を徹底し、エピセンターになる可能性を極力排除した営業をするからだ。

具体的には、どのような感染予防策が考えられるでしょうか。

感染防止には、三密（密室、密閉、密接）を避けることが肝要とされています。密室自体は完全に避けることはできないかもしれませんが、たとえば、1時間入替制にして15分の休憩時間を取り、その間に換気を十分にする、大型の送風機を設置するなどが考えられます。

さらに従業員教育を徹底して、頻繁な手洗いやうがいを励行させる。客と従業員があまり接触することがないよう、店の者が巡回して注意を促すなどが考えられるでしょう。

許容性からくる理由を考えること自体は、文章作成の技術ではありません。しかし、文章を書く前提として重要な**思考の技術**です。

許容性からくる理由を十分な説得力をもって書くには、実際の施策の中身にまで思考を巡らせる必要があるからです。

逆に言えば、説得力のある許容性からくる理由が書けなければ、その施策は採用できないことになります。

Part 7 「説得力」の基本

165

ルール
62

「問い」に答える
（読み手をイライラさせない）

　ビジネス文書では、議案名が「問い」を発し、本文がそれに「答える」という基本構造になっています。さらに文中でも、たとえば「1．原因」というナンバリングと標題で「問い」を発し、本文で「答え」（原因）を書く構造になっています。

　にもかかわらず、「問い」と本文の内容（答え）がかみ合っておらず、はぐらかされた気持ちになることが少なからずあります。
　たとえば、ふだんの会話の場面を思い浮かべてください。

　奥さんが旦那さんに問います。
　「今日の夕ご飯はお魚でいい？」
　旦那さんが答えます。
　「昨日、宴会で刺身を食ったんだ」
　奥さんは思います。
　「だから何なのだ。魚は食べたくないということなのか。それとも、魚でもいいが刺身は嫌だということなのか？」
　……

　ビジネス文書においても同じです。「問い」に答えていない文章を読まされると、読み手はイライラを募らせます。

166

ルール 63 「問い」から逃げない
（歯を食いしばって向き合う）

書き手自身が「問い」を発しているにもかかわらず、「問い」に答えていない文章を書いてしまうのはなぜでしょうか。

その理由としては、主に次の３つが考えられます。

① 答えたくない
② 「答え」の理由を書いてしまう
③ 「答え」の次に用意されている「問い」を先読みしてしまう

理由① 答えたくない

「問い」に答えない、あるいは「問い」をはぐらかす最大の動機は、ずばり、**答えたくない**からです（国会答弁がその最たるものでしょう）。

直接・端的に答えたくない、もしくは何らかの事情で答えることがはばかられる場合です。

理由② 「答え」の理由を書いてしまう

もう１つの理由は、「ＮＯ」と答える代わりに、**ＮＯの理由を書く**場合です。

「理由を書いているのだから、答え（ＮＯ）は推測してくれよ」という、ＮＯと言うのが苦手な日本人特有のやり方かもしれません。

Part
7

「説得力」の基本

167

理由③　次に用意されている「問い」を先読みしてしまう

　さらにもう１つの理由は、「問い」に対する「答え」のその先を読んで書いてしまうことです。頭の回転が速い人にありがちです。

　３つの理由のうち、とくにやっかいなのが理由①「答えたくない」です。しかも、「答えたくない」ことについて書くことを求められる機会は、決して少なくありません。

　典型的なのが、不祥事が発生したときに業務の監督官庁から報告を求められるケースです。また、親会社や重要取引先から報告を求められる場合も同様でしょう。

不祥事の内容は「事実」ですから、事実を過不足なく書きます。ここで事実を糊塗(こと)したり、矮小化(わいしょう)したりすれば、「問いに答える」以前の大問題になります。

　さて、不祥事の原因、責任者や担当者の関与について、当事者（企業）としての「意見」（自己分析）を書きます。

　これが書きにくいこと極まりないのです。担当者らの関与や責任の代わりに、周辺事情を書いてお茶を濁したくなります。

　しかし、そのような報告書を読まされた監督官庁や親会社の担当者は、「だから何なのだ！」という印象をもつでしょう。

原文▶　　X商品は、Y工場で他の10個の商品とともに製造されている。工場長はAであるが、前任のBから業務を引き継いだのは、同年4月である。それ以前は、Aは製造部門ではなく、本部企画部門で経営計画や財務の担当副部長をしてきた。

　　X商品の検査は工場長であるAの分掌ではあるが、実務は勤務20年のベテランの担当者Cが行っていた。

　　現在および異物混入発見時の責任者は工場長のAであるが、その前任者B、現場責任者であるベテラン担当者Cについても、社内規定違反の有無等に照らし、問題がなかったかどうか慎重に検証し、同じく社内規定等に照らし、妥当な処分をデュープロセスを履践して決定するなど妥当な対応をしたい。

⬇

改善▶　　責任者は工場長のAである。Aは前年4月から担当して

おり、それ以前の責任者は前任工場長のBである。

　AおよびBについて、社内規則に照らし、先例を斟酌し、「戒告」処分として始末書の提出を求め、かつ賞与の減額をする予定である。ただし、処分は懲戒規定に即し、懲罰委員会の決議をもって最終的に決定する。

もうワンポイント！　事実に向き合うことで企業は鍛えられる

　大企業や公的機関で不祥事が起きたとき、第三者委員会による調査・報告が行われることがあります。

　書き手の立場からいえば、このような報告書を第三者委員会が書いてくれるなら、そのほうがよっぽど気が楽です。しかし、「不祥事発生→第三者委員会へ丸投げ」を繰り返していると、企業としての自浄能力を鍛える機会を失ってしまいます。

　企業としては、まずは歯を食いしばって、あらゆる都合の悪い事実に向き合わなければならない、というのが筆者の考えです。

「各論」→「総論」の 順番で書く

「総論」は全体のまとめであり、「各論」の予備知識です。先に「各論」を書いてから、「総論」を書きます。

できるなら、「総論」は設けたほうがいいでしょう。その際に、

①なるべく短く書く
②各論と齟齬（そご）なく書く

この2つを心がけます。

「総論」で全体がコンパクトにまとめられ、次に「各論」が並べられていると、洗練された印象を読み手に与えることができます。

また、「総論」で全体的な知識を得ることによって、次にどんな「各論」が展開されるのか、読み手は予測することができます。予測し、確認することで読み手の理解が深まることは、繰り返し述べているとおりです。

ここで注意すべきは、**書く順番**です。

まず「各論」を書いて、その内容を確認しながら「総論」を書きます。そして書き終えてから、「総論」を「各論」の前にもっていきます。

なぜ、「各論」を書いてから「総論」を書くのでしょうか。完成した文書では、「総論」が冒頭にあって、それから「各論」に入るように構成されています。

　しかし、その順番どおりに「総論」から先に書くと、「総論」が冗長になる、「総論」と「各論」の記述に齟齬が生じる、といった罠に陥りやすいからです。

①長い「総論」は読み手をイライラさせる

　「総論」から書き始めると、まだ書いていない（これから書こうと思っている）「各論」の一部を先取りしながら書くことになります。頭の中にあるのは、いわば推敲する前の文章のようなものですから、論理的に甘く、文章も長くなりがちです。

　読み手にとって、「総論」は文書全体の概観をとらえる部分であり、「各論」へ進む予備知識です。あまり長々と書かれていると、読み手は「いつ、本題（各論）に入るのだ？」と感じます。

②「総論」と「各論」に齟齬が生じる

　もっとも陥ってはいけない罠は、「総論」と「各論」の内容に齟齬が生じることです。これもよく起こります。

　たとえば、「総論」では原因と改善策の両方にふれているのに、「各論」では、原因と改善策のどちらか一方にしかふれていないといったケースです。

また、「総論」では欧州拠点（仮に、ロンドン、パリ、フランクフルト、ミラノに支社があるとします）全体を総括しているのに、「各論」ではミラノ支社だけ抜けているというのも困ります。

　筆者が実際に経験した事例ですが、ミラノ支社からの報告が遅れていて、文書の作成に間に合わなかったことがありました。
　だからといって、「総論」と「各論」に齟齬が生じたままでは、文書全体の説得力にかかわります。「各論」からミラノ支社が抜けている理由を補足する、そのことによって全体の総括に影響がない旨の断りを入れるなどの配慮は、最低限すべき努力です。

　「総論」に書かれている趣旨から外れた内容が、「各論」にそれなりのボリュームを割いて書かれている、というケースもよくあります。

　まずは「各論」を書く。次に、それらをまとめる「総論」を書く。そうすれば、これらの罠に陥ることはないでしょう。

「問い」に対し、先回りしない

　司法試験に口述試験があった時代の話です。こんな試験がありました。ある犯罪事例について、試験官から次のように質問されます。

　「何罪が成立する可能性がありますか?」

　このとき受験者は、

　「傷害罪が成立する可能性がありますが、正当防衛が成立するので無罪です」

　このように答えてはいけません。

　「傷害罪が成立する可能性があります」

　こう答えるのが正解です。

　質問者としては、「傷害罪が成立する可能性があります」という答えを前提に、次の質問を予定しています。先回りして最終結論に飛びつくと、相手の意図を無視してしまうことになります。あるいは、相手の作戦をムダにしてしまいます。

　文章術からは少し離れますが、ビジネスにおける会話でも、相手の発する「問い」に答えるのがルールです。

　ところが頭のいい人ほど、直接答える場合の影響や相手のリアクションを想定します。そして、ネガティブな影響が予想されるときは、本能でそれを避けようとします。あるいは、相手の質問の意図を察して、まだ問われていない「問い」に答えようとします。こうした行為は、いずれも控えなければなりません。

　相手の求めに端的に応じることが、ビジネスの基本です。

固有名詞は正確に引用する

　文中に、**製品名やプロジェクト名**、あるいは**各種規程、業務計画を引用するときは、正確な名称を書きます。複数回引用するときも、文の途中から略称を使うことは避けましょう。**

　ここでいう固有名詞とは、社内で個別に与えられた名称のことを指します。

　固有名詞は、「　」をつけて、多用します。

　なぜ固有名詞を多用するかといえば、**固有名詞には説明の必要がない**からです。また、読み手が**正確に理解**してくれるからです。

　ですから、肝心の固有名詞を間違えてはどうしようもありません。似た名前の製品や似た名称のプロジェクトなどが複数あって、それを書き手が取り違えて書いてしまったら、読み手はかえって混乱します。

　固有名詞を使うときは、書く前の準備作業として、正確な固有名詞とその内容を調査・確認することが欠かせません。

　　　　正：Ａ０７製品化プロジェクト
　　　　×：Ａ０７プロジェクト
　　　　×：Ａ７商品化検討プロジェクト

Part
7

「説得力」の基本

また、せっかく固有名詞があるのに、普通名詞を使ったのでは説得力が出ません。

原文▶	○○年上期は、売上目標の 8,000 万円を達成した。
	⬇
改善▶	「○○年上期業務計画」のとおり、売上目標 8,000 万円を達成した。

「○○年上期業務計画」のとおり——として数字を引用すれば、その数字が、取締役会ですでに承認された数字であることがわかります。書き手が都合のいい数字を引っ張ってきたわけではなく、また、あえてそのことを説明する必要もありません。

▶ | ＡＯ７の商品化プロジェクトの試算では、新規に 5,000 万円の設備投資が必要だ。

⬇

▶ | 「ＡＯ７製品化プロジェクト」の試算では、新規に 5,000 万円の設備投資が必要だ。

「ＡＯ７製品化プロジェクト」での試算を引用するなら、「ＡＯ７製品化プロジェクト」という固有名詞を使うべきです。「商品化プロジェクト……」などと普通名詞でお茶を濁すのはやめましょう。

もちろん、「ＡＯ７製品化プロジェクト」の内容を事前に調査して、引用するのに十分な知識で武装しておきます。

説得力のある文章を書くには、こうした準備が不可欠です。

［ 1つのことは1つの言葉で ］
（キーワードを統一する）

　語彙が豊富な人ほど、1つのことを表すのに多様な表現を使いがちです。しかし、これは読み手の理解を妨げます。

　1つのことを複数の言葉で表現すると、読み手に余計な負担をかけます。読み手は頭の中で、複数の似た言葉がじつは同じ意味の言葉であると、いちいち確認しなければならないからです。

　語彙が豊富な人は、1つのことを多様な言葉で表現しがちです。しかし、ビジネス文章においては「百害あって一利なし」です。
　書き手が無自覚に、同じ意味の似た言葉を乱用している例も珍しくありません。
　書いた後で推敲して、同じ意味の似た言葉を使っていないかチェックします。そして同じ意味の似た言葉を使っていたら、1つの言葉に統一してください。

　同じ言葉が何度も出てくると、しつこいと思われる、あるいは書き手の貧弱な語彙力を疑われる、と考える方もおられるかもしれません。
　心配いりません。まったく同じキーワードが繰り返し出てくるほうが、読み手の理解が進みますし、キーワード自体の印象も強くなります。

■無意味に言葉を変えている

原文▶	店舗にくる顧客の中心はもっぱら高齢者個人顧客であり、これら高齢者顧客に投資信託などを売れなければ、銀行にとって何ら付加価値を生まない。

⬇

改善▶	店舗にくる顧客の中心はもっぱら高齢者個人顧客であり、これら高齢者個人顧客に投資信託などを売れなければ、銀行にとって何ら付加価値を生まない。

「高齢者個人顧客」も「高齢者顧客」も、指している顧客層は同じです。言葉を変える必要はありません。

■違う意味をもたせてしまっている

▶ 小さな文字で書かれた約款には、個別にリスクを認識してもらう必要のないことが書いてある。個別に意識してもらう必要のある注意事項は大きな字で、少なくとも読める大きさで書かなくてはならない。しかし、特記事項として書くべきことが多すぎると、どうしても文字が小さくなってしまう。

⬇

▶ 小さな文字で書かれた約款には、個別にリスクを認識してもらう必要のないことが書いてある。個別に認識してもらう必要のある注意事項は大きな字で、少なくとも読める大きさで書かなくてはならない。しかし、注意事項として書くべきことが多すぎると、どうしても文字が小さくなってしまう。

この文章の中で、「認識」と「意識」、「注意事項」と「特記事項」を使い分ける意味はありません。

むしろ「注意事項」を「特記事項」と言い換えることで、読み手に「注意事項」とは別に「特記事項」があるかのように誤解させる可能性があります。

■整理されてない印象を与える

▶ 不具合が起きたときの対策を報告する文書は、まずその概要を短く伝え、その原因を記述し、結果としてどのような損失があったのかを書く。そして、原因に対する対応策を書き、それをどのようなスケジュールで実行するのかを書く。

その場合のナンバリングは、(1)不具合の概要、(2)原因、(3)結果、(4)改善策、(5)スケジュール、としてはいけない。なぜなら、スケジュールは対応策の実行スケジュールであって、(4)改善策の下部概念だからである。

↓

▶ 不具合が起きたときの改善策を報告する文書は、まずその概要を短く伝え、その原因を記述し、結果としてどのような損失があったのかを書く。そして、原因に対する改善策を書き、それをどのようなスケジュールで実行するのかを書く。

その場合のナンバリングは、(1)不具合の概要、(2)原因、(3)結果、(4)改善策、(5)スケジュール、としてはいけない。なぜなら、スケジュールは改善策の実行スケジュールであって、(4)改善策の下部概念だからである。

「対策」「対応策」「改善策」など似たような言葉がいくつもある

と、文章があまり整理されていない印象を与えます。「(4)改善策」
という標題にするのなら、「改善策」に統一するのが妥当でしょう。

■言葉の印象が弱くなる

▶ 箇条書きにして要素を列挙するときは、過不足がないか、よく
よく調査しておく必要がある。その調査・検討がよい文書を作
る基礎になる。さらに、抜けているところがないか、注意して
読み直すことが大事だ。

⬇

▶ 箇条書きにして要素を列挙するときは、過不足がないか、よく
よく調査しておく必要がある。その調査がよい文書を作る基礎
になる。さらに、抜けている要素がないか、注意して読み直す
ことが大事だ。

「調査」を「調査・検討」としたくなるのは、言い切る勇気がも
てないからです。また、「ところ」という曖昧な表現に逃げず、「要
素」と言い切ったほうが、意味が正確に伝わります。

ルール
67 | **読み手にわかる言葉を使う**
（専門用語で煙に巻かない）

会議で使う文書に、専門用語を多用することは禁物です。無意味であるだけでなく、聞き慣れない専門用語で煙に巻かれた参加者は、質問を封じられ、書き手に対して素朴な反感を覚えます。

専門用語、とくにカタカナの専門用語を多数ちりばめた文章を会議の場で説明すると、質問はあまり出ません。

「その何とかかというのは何なのだ？」という素朴な質問をすると、自分の知識不足が露呈してしまうのではないかという不安が、質問することを躊躇させるからです。

反対に、専門用語を縦横無尽に使った文章の書き手は、「自分はこんなに専門的なことを知っているのだぞ」と、さぞかし鼻を高くしているでしょう。

しかし、これは作戦として最悪です。

参加者がわからない文章を会議に提示しても無意味です。よくわからない専門用語で煙に巻かれ、質問を封じられた参加者が、その文章の書き手に対し、素朴な反感を覚えるだけです。

ビジネス文章では、読み手と言葉の定義を共有できない専門用語を使うことは、できるだけ避けるべきです。

Part
7

「説得力」の基本

原文▶ | 従来のものより、ユーザビリティにおいて格段に優れている。

181

改善▶ 従来のものより、使い勝手が格段にいい。

▶ 必要なのは、サスティナブルなビジネスプランだ。

⬇

▶ 必要なのは、持続可能な事業計画だ。

　もちろん、これらの専門用語の中には、日本語への置き換えが難しい言葉もあります。そんなときは、そっと注釈をつけるのが親切というものです。

▶ ダッシュボードで情報の共有化を進める。

⬇

▶ ダッシュボード（複数の情報を一覧表示するシステム）で情報の共有化を進める。

　ＩＴにせよ、マーケティングにせよ、その起源が欧米なので、専門用語の多くがカタカナになってしまうのはしかたない部分があります。しかし、読み手に理解させたいなら、なるべく万人がわかる言葉に置き換えることが大切です。
　ましてや、専門用語を使って読み手を煙に巻こうなどと考えてはいけません。

ルール 68 NGワード① 「**対応**」
（具体策なき「対応」は空虚である）

　「対応」という言葉が頻繁に登場する文章があります。しかし、この言葉は抽象的すぎて、具体的に何を指しているのか、いまひとつ読み手に伝わりません。

　「作業として以下の対応が必要である」
　「生産対応する」
　「顧客対応に向けた対応を協議する」

　これらは、いずれも実際に筆者が目にした1文です。
　「作業として以下の対応が必要である」は、「以下の作業が必要である」で十分です。「対応」は不要ではないでしょうか。
　「生産対応する」は、「生産する」と何が違うのでしょうか。
　「顧客対応に向けた対応を協議する」にいたっては意味不明です。

原文▶ ｜顧客対応に向けた対応を協議する。

⬇

改善▶ ｜顧客への対応を協議する。

▶ ｜作業として以下の対応が必要である。

⬇

▶ ｜以下の作業が必要である。

183

▶ 　生産対応する。

⬇

▶ 　生産する。

　もちろん、具体的施策がいくつかあって、それらをまとめて表現するときに「対応」という言葉を使うことはあるでしょう。

　しかし、そうした具体的施策が書かれていない、または書かれていても内容が乏しければ、「対応」とひとくくりに表現されても、読み手には書き手が何を言いたいのかわかりません。

　「対応」と書いていながら、具体的に何をやるかが不明なため、書き手の提案の可否、要否の判断ができないときもあります。たとえば、以下のような文章です。

　1．個人情報流失事故における顧客対応

　　　当該顧客へ早急に連絡するとともに、顧客からのクレームには誠意をもって対応する。

　2．再発防止策

　　　リスク管理を高度化する。

　この文章には、「顧客対応」として何をするかが書かれていません。「顧客からのクレームには誠意をもって対応する」とあるだけでは、具体的に何をするのかわかりません。

　「誠意をもって対応する」とは、どのような行為を念頭においているのでしょうか。担当者が謝りに行くのか、部長が謝りに行くのか、担当役員が謝りに行くのか。それとも謝罪文書を個別に送付す

るのか、損害賠償としてクオカードを配るのか……。

　いったい何をするのかわからない、具体策のない「対応」に説得力はありません。

原文▶　1.　個人情報流失事故における顧客対応
　　　　　　当該顧客へ早急に連絡するとともに、顧客からのクレームには誠意をもって対応する。

　　　　　　　　　　　　⬇

改善▶　1.　顧客情報流失事故における顧客対応
　　　　　(1)　社長名で謝罪文を作成し、HP に掲載する。
　　　　　(2)　情報が流出した顧客に対しては、社長名で、謝罪文とともに損害賠償として 500 円分のクオカードを同封して送付する。

もうワンポイント！　具体的提案をするには準備が必要

　トラブルが起きた際の報告書の文面が、「対応する」に終始してしまう理由は、具体的に何をするかが決まっていないことが考えられます。とりあえず早急に経営者に報告しておかなければいけない、というわけです。

　あるいは現場レベルでは具体策が決まっているが、社内関係者の承諾を得ていないということもあるでしょう。

　これらは文章作成術そのものには関係ありません。しかし具体的な提案をする文書を書くための前提として、足を運び、頭を下げて、説得して、といった準備が必要です。

ルール
69 NGワード② 「高度化」「効率化」「等」
（意味不明語を使わない）

「……化」「……等」を多用しないことです。「……化」「……等」
でまるめてしまった文章からは、書き手が主張する具体的な内容が、
読み手にまったく伝わりません。

　具体的な改善策がいくつかあって、それらを総称して「高度化」
「効率化」という言葉にまとめることはあるかもしれません。しか
し、具体的中身のない「高度化」「効率化」は、読み手にとってま
ったくの意味不明語です。

　前項であげた文例から、再発防止策について見ていきましょう。

原文▶　２．再発防止策
　　　　　リスク管理を高度化する。

　この文もまた、漠然としています。リスク管理の何を高度化する
のでしょうか。

▶　２．再発防止策
　　　リスク管理手法を高度化する

　これでもまだ、何をするのかわかりません。

　リスク管理（手法）を「高度化する」ということは、具体的にど
ういう行動を指すのでしょうか。リスク管理部門の人数を拡充する

のか、組織自体を変えるのか、個人情報にアクセスする権限を見直すのか、新たにシステムを導入するのか……。

　具体的な記載がなければ、読み手には何も伝わりません。

改善▶ | ２．再発防止策
　　　　(1)　顧客情報管理システムがルール通りに運用されているか、関連する全部門において確認する。
　　　　(2)　関連部門の社員を対象にした社員教育を行う。
　　　　(3)　現行の顧客情報管理システムのリスク評価を行う。
　　　　(4)　(3)の結果を参考に、新しい顧客情報管理システムを導入する。

　「等」も、よく使われます。しかも多くの場合、意味のない使われ方をしています。

▶ | 入札額は、競合他社の入札状況にかかる情報等により、10％の範囲内で変更することがある。

　この場合、上司から「情報等の等には何があるのか？」と問われたら、書き手は答えられるのでしょうか。具体的な中身をあげられないなら、「等」を使うべきではありません。

▶ | 入札額は、競合他社の入札状況にかかる情報により、10％の範囲内で変更することがある。

　もちろん、「等」を使うことが適切なケースもあります。「等」に

当たる要素が複数あるものの、すべてを列記する必要のない場合です。

▶ | 成年後見制度では、葬儀の手配等の死後事務手続きまでを委任することができない。
　　＊「等」…死亡届けの提出、入院費用など未払い金の精算ほか

▶ | 契約社員等の非正規社員の職務内容を見直す必要がある。
　　＊「等」…パート・アルバイト、派遣社員、嘱託社員

　しかし、言い切る自信がないために、何となく「等」を使っている文章は、読み手を不安にさせます。
　意味のない「等」を多用するのは、書き手の自信のなさの表れであると思われます。

もうワンポイント！　抽象論からは何も生まれない

　企業は、「対応」や「高度化」が表象する抽象論では飯は食えません。「具体的に何をやるか」で飯を食うのです。
　会議の場で抽象論に終始した資料を元に、抽象論に終始した議論をしても（通常は議論にもなりませんが）、飯のタネは何も生まれないということです。
　ビジネスは抽象論でなく、具体論で攻めなければいけません。

ルール 70 | NGワード③「極めて」「非常に」「しっかり」
（主観的評価はいらない）

　説得力のある文章にするためには、**客観性**が大事です。主観的表現である「極めて」「非常に」「しっかり」などは、できるだけ使わないようにします。

　よく、「極めて」や「非常に」という主観的な表現を使っている文章があります。

　「ネット広告は、顧客への訴求力が極めて高い」
　「テレワークのニーズが非常に高まっている」

　この「極めて」や「非常に」は、具体的に何を指すのでしょうか。
　量的に多いのか、質的に優れているのか、時間や費用がかかっているのか……。何か通常以上の程度ということなのでしょうが、通常との程度の差がわかりません。
　程度を表現するなら、まずは**数字**です。金額、変化、割合などで具体的に示します。

原文▶ | ネット広告は、顧客への訴求力が極めて強い。

⬇

改善▶ | ネット広告のレスポンス率は○％と、紙媒体の△％に比べて20ポイント高い（○○調査）。

Part 7 「説得力」の基本

▶ テレワークのニーズが非常に高まっている。

⬇

▶ テレワークをすでに導入・導入を予定している企業の割合は6割を超えており（○○調査）、ニーズが高まっている。

▶ ○○調査によれば、テレワークをすでに導入・導入を予定している企業の割合は6割を超えており、ニーズが高まっている。

　このとき、採用した数字の出典を必ず明記します。

　たとえば、総務省の「家計調査」から引用した数字であれば、

総務省「令和○年　家計調査」によれば

あるいは

（総務省「令和○年　家計調査」）

　とします。最低でも、

○○年総務省調査によれば

あるいは

（○○年総務省調査）

　として、「どこが・いつ」調査した数字か、明確にわかるようにします。

　客観的な評価をする材料がないなら、主観的な修飾語は使わないことです。読み手は、「書き手の個人的な感想を聞きたいのではない」と感じます。

論理のつなぎ目には一言添える

（添えないと論理が飛ぶ）

　文章を書くとき、書き手の頭の中では、結論にいたるまでの論理が組み立てられているはずです。しかし、それが裏目となって、読み手が理解するのに必要な言葉を無意識に飛ばしてしまったり、書き出しからすぐに結論に飛びつくような文章を書いてしまうことがあります。

　推敲のときに、自分の書いた文章が言葉足らずで、論理が飛んでいてわかりにくいかもしれないと思ったら、必要な言葉を足して論理がつながるようにします。

原文▶	猛暑により、売上げが予想を大幅に下回った。

⬇

改善▶	猛暑により外出を控える人が多かったため、売上げが予想を大幅に下回った。

　言葉を足すということは、これまで本書で展開してきた「なるべく短く書く」というコンセプトには反します。しかし、読み手がわからない文章を書くわけにはいきません。

▶　ストック・オプション制度があることで、優秀な人材を採用しやすくなる。

⬇

▶ ストック・オプション制度があることで将来的なインセンティブが高まり、優秀な人材を採用しやすくなる。

▶ 信託は、受託者に信じて託すものである。

⬇

▶ 信託は、財産を受託者に信じて託すものである。

　報道番組などで、経済や外交の専門家による解説を聞く機会があります。そのとき、専門家が話す内容を細かいところまで明確に理解できることは稀です。その理由は、専門家にしてみたら当たり前すぎる言葉や背景の説明を省略して話しているからです。

　専門知識の十分でない人に、経済や外交に関する高度な知見をわかりやすく伝えるのは、専門家にとっても簡単ではないのです。

　ビジネス文章でも、似たようなことが起こります。皮肉な言い方になりますが、頭のいい、結論にいたるまでの論理がしっかりと組み立てられている書き手ほど、読み手にとってわかりにくい文章を書きがちです。

比較するときは共通点も書く

（利益・不利益を具体的に書く）

　比較するときは、**違いだけでなく共通点も書きます。客観性をア**ピールすることで、**読み手はその文章に書かれている内容に対し、信頼感を覚えます。**

　新しい商品や新しいサービスの提案をする場合、現行の商品やサービスよりも優れていることをアピールする必要があります。

　書き手の心理としては、その優れた部分、つまり違いを強調して書きたくなります。もしかすると、共通部分は意味がない、あるいは意味が薄いと考える人もいるかもしれません。

　しかし、これは大きな間違いです。

　読み手からすれば、新商品や新サービスの優れた部分ばかりが書いてある文章を読まされると、かえって「書き手の主観によって、いいとこ取りしているのではないか」と疑いを抱きます。

　そこで、共通点も書いて、読み手を安心させます。

　利益と不利益、長所と短所を具体的に書きます。

　程度を比較するときは、「極めて」や「非常に」といった表現による主観的な比較ではなく、数字を使って、客観的に比較します。

Part
7

「説得力」の基本

図表を多用する

　図表やグラフは積極的に活用しましょう。そもそも図表やグラフは、読み手が直観的に記述内容を理解できるように、発明されたものです。

　たとえば箇条書きを表にすると、各箇条の関係がさらにわかりやすくなります。

　右ページの上は、ルール40に登場した、構成が複雑な文章をワンセンテンス・ワンテーマの箇条書きにした例です（104頁参照）。これをさらに表にしてみましょう。

　一列に並ぶ文をタテ・ヨコに配置することで、それぞれの関係性が一目瞭然となり、読み手の理解を助けます。

■箇条書き→表

(1)　経営管理資料の請求権限（常務執行役員以上の役員）

　①　事務処理をする部門への資料の閲覧の請求

　②　経営企画部に対する経営企画原案のフォーマットの請求

　③　内部監査部門への監査報告書の閲覧の請求

　④　会計監査人への事情聴取の機会の請求

(2)　上記(1)のうち、常勤監査役を通じて請求するもの

　③　内部監査部門への監査報告書の閲覧の請求

　④　会計監査人への事情聴取の機会の請求

●経営管理資料の請求権限

請求種類	権限	常勤監査役を通じた請求手続き
事務処理をする部門への資料の閲覧の請求	常務執行役員以上	不要
経営企画部に対する経営企画原案のフォーマットの請求	常務執行役員以上	不要
内部監査部門への監査報告書の閲覧の請求	常務執行役員以上	要
会計監査人への事情聴取の機会の請求	常務執行役員以上	要

説明文と図表の内容をそろえる

（余計な情報で読み手を混乱させない）

　とくに比較や推移を記述するときには、表やグラフにすることを検討します。文章で説明するよりも、書き手の趣旨が明確に伝わります。

　その際に注意すべきことは、説明文と表やグラフに示される内容を一致させることです。

　下の説明文を読みながら、右ページの表を見てください。

■説明文

> 　転職先を検討する際に重視するポイントをみると、「テレワークなど多様な働き方ができる」をあげる人が年代を問わず多い。また、「有給休暇が取得しやすい」、「残業が少ない」ことを重視する人の割合は、年代が上がるほど多くなっている。なお、「副業が認められている」をあげる人は、全体の３割弱にとどまった。

　文章では、転職希望者が重視している項目について、回答者の傾向を説明しています。

　しかし具体的な数字を省略しているので、読み手は該当する項目が説明どおりか、表全体を見渡しながら確認しなければなりません。さらに「３割弱」という言葉は表中にありません。読み手は「28.7」という数字を頭の中で置き換えて、説明文にある「３割弱」を確認することになります。

■**転職するにあたって重視するポイント（複数回答）**

単位：%

	全体	男性	女性	20代	30代	40代～
会社の規模	50.7	75.3	24.7	59.7	54.9	25.0
会社の知名度	25.3	16.9	34.3	29.9	15.7	31.3
会社の将来性	33.3	40.0	27.4	35.8	19.6	50.0
給与水準が高い	57.3	72.7	41.1	55.2	66.7	46.9
経営者の理念・ビジョンに共感できる	48.7	55.8	41.1	52.2	29.4	71.9
自分が成長できる環境がある	48.7	48.1	49.3	64.2	54.9	6.3
テレワークなど多様な働き方ができる	62.7	72.7	52.1	59.7	70.6	56.3
副業が認められている	28.7	36.4	20.5	14.9	25.5	62.5
有給休暇が取得しやすい	42.0	32.5	52.1	29.9	45.1	62.5
産休育休後の復職率が高い	28.0	0.0	57.5	44.8	23.5	0.0
女性の管理職が多い	18.7	0.0	38.4	14.9	35.3	0.0
残業が少ない	56.0	50.7	61.6	38.8	58.8	87.5

（○社調べ）

　また、仮に労働環境に関連する回答結果だけを伝えたいのであれば、それ以外の表中の数字（たとえば「会社の規模」や「会社の知名度」など）はさほど重要でないことになります。大事な箇所だけを太字にするなどの工夫をすれば、読み手の負担はずいぶん軽減されます。

→ルール75　該当箇所を目立たせる（198頁）

　なお、表には男女別の集計結果も入っていますが、説明文では何もふれていません。

　あえて入れたのであれば、何かしらの説明をするべきですし、必要ないのなら表から外しておくほうが親切です。表から情報を得た読み手は、説明文にないこれらの情報をどのように解釈すべきか、丸投げされてしまっています。

該当箇所を目立たせる
（〇や太字を使う）

　　図表を効果的に使うには、該当箇所を読み手がすぐに見つけられるようにする配慮も大事です。

　資料として、Ａ３用紙いっぱいに書かれた表が添付されていることがあります。そのような巨大な情報をもつ表を引用すること自体、なるべく避けるべきですが、作表の手間からしかたない場合もあるでしょう。

　そんなときは、説明する部分に丸をつけるなどして、読み手が該当箇所をすぐに見つけられるように配慮します。そうでないと、説明文がどこの数字を指しているのか、いちいち探さなければなりません。

　会議資料として口頭で説明されている場合には、説明者がどこの数字を説明しているのか、参加者は追っていけなくなります。

　読み手は、説明文で予測したことを表で確認します。会議資料ならば、耳で説明を聞きながら、目で表の記述を追って内容を確認します。

　そこで、表を作るときは、読み手が楽に数字を追えるように配慮することが大切です。読み手の理解プロセスを妨げるような不親切な表になっていないか、注意します。

■説明文

　転職先を検討する際に重視するポイントをみると、「テレワークなど多様な働き方ができる」をあげる人が年代を問わず多い。また、「有給休暇が取得しやすい」、「残業が少ない」ことを重視する人の割合は、年代が上がるほど多くなっている。なお、「副業が認められている」をあげる人は、全体の3割弱にとどまった。

■転職するに当たって重視するポイント（複数回答）

単位：%

	全体	男性	女性	20代	30代	40代～
会社の規模	50.7	75.3	24.7	59.7	54.9	25.0
会社の知名度	25.3	16.9	34.3	29.9	15.7	31.3
会社の将来性	33.3	40.0	27.4	35.8	19.6	50.0
給与水準が高い	57.3	72.7	41.1	55.2	66.7	46.9
経営者の理念・ビジョンに共感できる	48.7	55.8	41.1	52.2	29.4	71.9
自分が成長できる環境がある	48.7	48.1	49.3	64.2	54.9	6.3
テレワークなど多様な働き方ができる	62.7	72.7	52.1	59.7	70.6	56.3
副業が認められている	28.7	36.4	20.5	14.9	25.5	62.5
有給休暇が取得しやすい	42.0	32.5	52.1	29.9	45.1	62.5
産休育休後の復職率が高い	28.0	0.0	57.5	44.8	23.5	0.0
女性の管理職が多い	18.7	0.0	38.4	14.9	35.3	0.0
残業が少ない	56.0	50.7	61.6	38.8	58.8	87.5

（○社調べ）

Part
7
「説得力」の基本

199

ルール 76 [説明文と図表中の表記を同じにする]

表やグラフが示す内容と矛盾する、あるいは整合しない説明をされると、読み手（聞き手）は混乱します。説明で①とするのなら、表中にも①と表示します。

下の説明文と、右ページ上の図表を見比べてください。

■説明

> 「販売開始時」を時点①とします。製品に「機能Xを追加したとき」を時点②とします。テレビで「CMを開始したとき」を時点③とします。時点①のとき「販売額」は損益分岐点からは程遠く、②の時点でもわずかな改善にとどまっています。それが③の時点では、損益分岐点を大きく上回っており、CMによって市場でも相応の認知が得られたものと推測できます。

これは、会議などでときどきあるケースです。発表者が図表を示しながら口頭で説明するときに、図表には書かれていない表現を使って、読み手（聞き手）を困惑させるのです。

説明で「時点①②③」を使うのであれば、図表にも「時点①②③」と表示します。また、説明で「販売額」を使うのであれば、図表も「売上高」ではなく「販売額」とします。

もちろん、文章に書くときも同じです。

原文▶

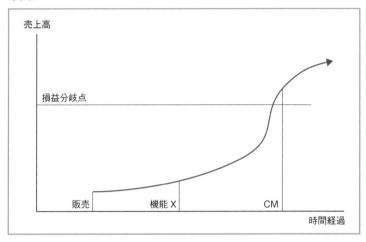

⬇

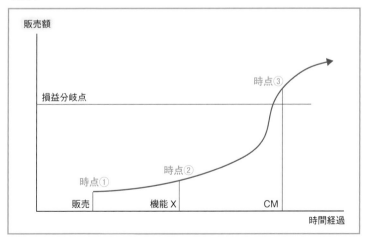

単位を統一する

ルール
77

　事実を数字で示すことは、説得力につながります。しかし、同じ表中に単位が揃わない数値が並んでいると、印象が散漫になり、説得力が半減してしまいます。

　数字によって単位の取り方が違っていたり、同じ表中に並んでいる数字に、小数点があったりなかったりすることがあります。

原文▶

売上総額は、20,014,960 円である。	
商品A	1000.25万円
商品B	920万円
商品C	81.246万円

＊小数点の単位が統一されていない

　こうした不統一は、意外に多いものです。文章を推敲するのと同じで、エクセルなどを使って表を作ったら、単位の不統一がないか確認します。

　そもそも表中に1円単位まで正確に表記するべきかどうかを判断する必要があります。経営資料であれば、通常はそこまで求められません。

なお、金額の単位は、大企業なら「百万円」、中小企業なら「千円」を使うのが一般的です。

　「万円」という単位は、雑誌などに載っている表ではよく使われていますが、ビジネスで作る文書の表中に使うのは一般的ではありません。

改善▶

売上総額は、20,014,960円である。

商品A	10,002,500円
商品B	9,200,000円
商品C	812,460円

＊小数点をつけて正確性を高めるなら、最初から円単位にする

⬇さらに

売上総額は、20,015千円である。

商品A	10,003千円
商品B	9,200千円
商品C	812千円

Part
7

「説得力」の基本

原文▶

1．異物混入が長期に渡り見逃されてきた原因 　＊ナンバリングを行間に埋もれ
　↓字下げをする（ルール26）　　　　　　　　　　させない（ルール38）

異物混入を初めて認識したのは、ＸＸ年ＹＹ月頃であり、それまでは、Ｘ商品に対する顧客クレームはなかった。Ｘ商品の製造工程は他商品に比べると複雑なものではなかったが、他商品と同じく、毎週一定数の抜取りによる検査をしていた。 　　　　＊言い訳を書かない（ルール11）
　　　　　　　　　　　　　　　　＊「問い（原因）」から逃げない（ルール63）

2．責任者　＊「問い（責任者は誰か）」から逃げない（ルール63）

Ｘ商品はＹ工場で他の10個の商品とともに製造されている。工場長はＡであるが、前任のＢから業務を引き継いだのは、前年の４月である。それまでは、Ａは製造部門ではなく、本部企画部門で経営計画や財務の担当副部長をしてきた。Ｘ商品の検査は工場長であるＡの分掌ではあるが、実務は勤務20年のベテランの担当者Ｃが行っていた。

3．再発防止策　＊1文は80字を目安に（ルール18）

顧客クレームによって初めて異物混入の事実を知ったことは、食品メーカーとして、あってはならないことであると反省している。今後は顧客クレームにいたらないように、すなわち、当社内部の事前検査、事後的な体制全般に対する監査を高度化することにより、その早期発見と製品が社外に出る前に、それを防止できるように、対応する。計画を具体的に策定して、それを早期に実施するとともに、食品の安全性に係る社員教育をさらに徹底充実を図りたい。 　↑NGワード①②「対応」「高度化」（ルール68、69）

4．責任者の処分　＊1文は80字を目安に（ルール18）、「問い」から逃げない（ルール63）

現在および発見時の責任者は工場長のＡであるが、その前任者Ｂ、現場責任者であるベテラン担当者Ｃについても、社内規定違反の有無等に照らし、問題がなかったかどうか、慎重に検証し、同じく社内規定等に照らし、妥当な処分をデュープロセスを履践して、決定するなど妥当な対応をしたい。

〔設定〕異物混入事故が起こりました。監督官庁より報告書の提出を求められています。

改善▶

1. **異物混入が長期に渡り見逃されてきた原因**

　異物混入が長期に渡り見逃されてきた原因は以下の通り。

① 　出荷前の抜取りの件数が不足していたこと。

② 　検査は検査員の感触に頼るもので検査マニュアルがなかったこと。

③ 　顧客クレームに至らない顧客の声には異常を感じさせるものもあった。しかし、それを重要なシグナルとして感知することができなかったこと。

2. **責任者**

　責任者は工場長のAである。Aは前年4月から担当しており、それ以前の責任者は前任工場長のBである。

3. **再発防止策** ＊「原因」と「結果」のナンバリングを一致させる（ルール37）

① 　出荷前の抜取りの件数を2倍にする。

② 　検査マニュアルを策定する。

③ 　顧客の声は広報だけでなく、品質に係る声については、各製造部門に回付し、声に対する評価や解釈について、担当役員まで回付することとする。

4. **責任者の処分**

　AおよびBについて、社内規則に照らし、先例を斟酌し、「戒告」処分として始末書の提出を求め、かつ賞与の減額をする予定である。ただし、処分は懲戒規定に則し、懲罰委員会の決議をもって最終的に決定する。

Part7のまとめ

①議案名は、読み手が文書の内容を予測する手がかり。できるだけ具体的にする。

②「問い」（議案名、標題）にまっすぐ答える。「問い」に答えていないと、読み手をイライラさせる。

③8つの事柄（事実、定義、趣旨、内容、方法、要件、効果、スケジュール）を書く。

④論点（問題点）をあげ、それに対する意見、理由を書く。

⑤理由は「必要性」と「許容性」の2つの視点から考える。とくに「許容性」からくる理由を読み手に納得させる。

⑥「極めて」「非常に」「しっかり」といった主観的な表現を使わない。程度を示したいときは数字で示す。

⑦利益と不利益を具体的に書き、相違点だけでなく共通点も書く。

⑧比較や推移は、図表やグラフにすると説得力が増す。

　どんなに文章がうまくても、書くべきことを書いていない文章に説得力はありません。抽象論に終始した資料から、有益な情報を得ることはできません。建設的な経営判断もできません。
　ビジネス文章は、客観的・具体的に書くのが基本です。

奈良正哉（なら　まさや）

慶應義塾大学経済学部卒。みずほ信託銀行総合リスク管理部長、運用企画部長を務めた後、執行役員を経て同社常勤監査役になる。銀行勤めをする傍ら40歳の時に司法試験挑戦を思い立ち、45歳で合格。2014年からみずほ不動産販売専務取締役。退任後に司法修習を受け、2017年から弁護士として活動。銀行の管理職時代に、自らの経験を元に「ビジネス文章を書くノウハウ」をまとめ、延べ1200人以上の社員にセミナーを行った。鳥飼総合法律事務所所属。

ビジネス文章力の基本

2020年12月10日　初 版 発 行
2024年 6 月 1 日　第 6 刷発行

著　者　奈良正哉©M. Nara 2020
発行者　杉本淳一

発行所　株式
　　　　会社日本実業出版社　東京都新宿区市谷本村町 3 - 29 〒162-0845
　　　　編集部　☎03 - 3268 - 5651
　　　　営業部　☎03 - 3268 - 5161　振　替　00170 - 1 - 25349
　　　　　　　　　　　　　　　　　https://www.njg.co.jp/

印 刷・製 本／リーブルテック

ISBN 978-4-534-05821-8　Printed in JAPAN